코바늘 손뜨개
니트 에코백

"COMPACT NI TATAMERU KAGIBARIAMI NO ECOBAG"
Copyright © E & G Creates Co., Ltd. 2021
All rights reserved.
Original Japanese edition published by E & G Creates Co., Ltd.
This Korean edition published by arrangement with E & G Creates Co., Ltd., Tokyo
in care of Tuttle-Mori Agencey, Inc., Tokyo, through Eric Yang Agency, Seoul.

이 책의 한국어판 저작권은 에릭양 에이전시를 통해
E & G Creates Co., Ltd.와의 독점계약으로 ㈜북핀에 있습니다.

콤팩트하게 접을 수 있는 코바늘 네트백

코바늘 손뜨개 니트 에코백

애플민츠 지음

북핀

Contents

심플 에코백   8 • 36

플랫 에코백   10 • 38

스트라이프 에코백   12 • 40

파인애플 패턴 에코백   14 • 42

아즈마 에코백   16 • 45

스퀘어 에코백   18 • 48

Point Lesson 32 **Material Guide** 35 **Basic Lesson** 72

플리츠 에코백 20 · 50

과일 모티브 에코백 22 · 54

동물 모티브 에코백 24 · 60

플라워 모티브 에코백 26 · 64

비즈 에코백 28 · 66

플라워 패턴 에코백 30 · 70

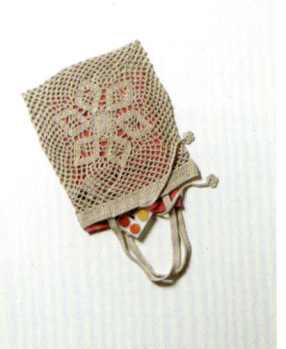

심플 에코백

1

비닐봉투 모양으로 간단하게 뜨는 에코백.
사이즈는 작지만 옆판이 넉넉해
물건이 꽤 많이 들어가요.

How to make p.36

2

플랫 에코백

3

러프하게 뜬 납작한 형태의 가방으로,
A4 사이즈가 쏙 들어갑니다.

How to make p.38

4

스트라이프 에코백

5

6

탄력 있는 코튼 실로 뜬 스트라이프 무늬의 가방.
손잡이 폭이 넓어서 무거운 짐도 거뜬히 담을 수 있습니다.

How to make p.40

파인애플 패턴 에코백

7

도일리 뜨기에서 인기 있는 파인애플 무늬를 접목한 이 가방은
손잡이가 하나인 원 핸들 타입이에요.

How to make p.42

8

15

9

아즈마 에코백

10

복잡한 무늬 없이 심플하게 떠서
보자기를 접어 잇듯이 만든 에코백입니다.

How to make p.45

스
퀘
어
에
코
백

11

사각의 바닥판·몸판·옆판을 상자처럼 조립한 가방.
바닥이 평평해서 도시락 가방으로도 좋아요.

How to make p.48

12

플리츠 에코백

13

14

주름이 있는 플리츠 에코백을
단색과 배색의 두 가지 스타일로 떠보세요.

How to make p.50

과일 모티브 에코백

15

16

17

가방 본체는 그물뜨기로 똑같이 뜨고,
바닥은 맛있는 과일을 모티브로 떠주세요.

How to make p.54

좋아하는 동물 모티브를 떠 붙이면
펼쳐 들었을 때도, 돌돌 말아 포켓에 넣었을 때도 너무 귀여워요.

How to make p.60

동물 모티브 에코백

그물뜨기로 뜬 네트백.
장식 끈을 당기면 동그랗게 공 모양처럼 오그라들어요.

How to make p.64

플라워 모티브 에코백

23

비즈 에코백

24

반짝반짝 빛나는 비즈가 멋진 이 가방은
반으로 접으면 지갑처럼 콤팩트해집니다.

How to make p.66

25

플라워 패턴 에코백

26

중앙에 들어간 플라워 패턴 자체가
크고 화려하므로, 단색으로 뜨개질합니다.

How to make p.70

27

Point Lesson

실 교체 방법

1. **배색실 붙이기** 단의 끝에서 첫 코 머리 사슬에 바늘을 넣은 다음 바늘 등에 그림과 같이 배색실을 걸쳐 두고 바늘 끝에 실(바탕실)을 걸어 화살표처럼 빼낸다. (빼뜨기)

2. 빼뜨기한 상태

3. **배색실 감싸서 뜨기** 바탕실로 사슬뜨기 1코를 떠서 기둥코를 세운다. 2의 그림 ● 표시한 곳(빼뜨기 한 곳)에 바늘을 넣고 1의 그림과 같이 바늘 등에 배색실을 올려두고 바늘 끝에 바탕실을 걸어 배색실을 감싸듯이 끌어낸다.

4. 바늘에 실을 걸어 바늘에 걸린 고리까지 한꺼번에 빼낸다. (짧은뜨기)

5. **배색실로 바꾸기** 같은 방법(배색실을 바늘 등에 올려두고 감싸며 뜨기)으로 짧은 뜨기를 1코 더 뜨고(두 번째 짧은뜨기), 다음 코에 바늘을 넣고 바늘 끝에 실(바탕실)을 걸어 배색실을 감싸듯이 뺀 다음(=미완성 짧은뜨기). 바탕실을 쉬어 두고 바늘 끝에 배색실을 걸어 바늘에 걸린 고리를 모두 빼낸다. (바탕실로 뜨는 마지막 짧은뜨기)

6. 뜨개실이 배색실로 바뀐 상태

7. **바탕실로 바꾸기** 이번에는 쉬어둔 바탕실을 감싸면서 배색실로 짧은뜨기 2코를 뜬 다음, 미완성 짧은뜨기를 뜨고 바늘 끝에 바탕실을 걸어 화살표처럼 바늘에 걸린 고리를 모두 빼낸다.

8. 뜨개실이 바탕실로 바뀐 상태

9. **다음 단 떠 나가기** 단의 마지막에서 첫 코 머리 사슬에 바늘을 넣은 다음 바늘 등에 배색실을 올려두고 바늘 끝에 바탕실을 걸어 화살표처럼 빼낸다. (빼뜨기)

10. 빼뜨기한 상태. 뜨개실이 다시 바탕실로 바뀐다.

2장의 편물을 겹쳐 놓고 잇는 방법

❶ 감침질로 잇기

머리 사슬 2가닥을 줍는 경우 | 머리 사슬 1가닥(반 코)을 줍는 경우

1. 돗바늘에 실을 꿰고 겹쳐 이으려는 두 편물의 머리 사슬 아래에 바늘을 넣는다. (머리 사슬 2가닥을 한꺼번에 줍기)

2. 시작 지점에서는 단단히 고정하기 위해 같은 코를 두 번 감침질한다.

3. 다음 코부터는 한 번씩 감침질하고, 끝 지점에서도 시작 지점과 마찬가지로 두 번씩 감침질한다.

각 편물의 머리 사슬 바깥쪽 1가닥(반 코)만 주워서 감침질한다.

❷ 짧은뜨기로 잇기

a   b

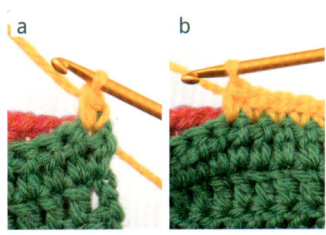

1. 이음실 달기 편물 2장을 한꺼번에 쥐고 두 편물의 머리 사슬에 바늘을 넣은 다음 바늘 끝에 실을 걸고 화살표 방향으로 끌어낸다.

2. 실을 끌어낸 상태

3. 기둥코 세우기 사슬뜨기 1코를 떠서 기둥코를 세운다.

4. 짧은뜨기 뜨기 같은 코에 짧은뜨기를 한다(a). 이후 두 편물의 코를 한꺼번에 주우며 계속해서 짧은뜨기를 한다(b).

❸ 빼뜨기로 잇기

5. 단의 끝까지 뜬 다음 사슬뜨기 1코를 뜬다.

6. 실 끝을 여분의 길이를 남기고 자른다.

7. 실 끝을 고리 안으로 넣어 뺀다.

1. 이음실 달기 편물 2장을 한꺼번에 쥐고 '짧은뜨기로 잇기'를 참조하여 이음실을 단다.

2. 다음 코에 바늘을 넣고 바늘 끝에 실을 건다.

3. 바늘 끝에 걸린 실을 당겨 빼면서 빼뜨기를 한다.

4. 계속해서 빼뜨기로 두 장의 편물을 잇는다.

5. '짧은뜨기로 잇기'를 참조해 실 끝을 자르고 마무리한다.

사슬 반 코 주워 뜨기

머리 사슬 앞쪽 반 코 주워 뜨기

1. 화살표와 같이 바늘을 머리 사슬 앞쪽 가닥에 넣어 사슬 반 코를 주우며 뜬다.

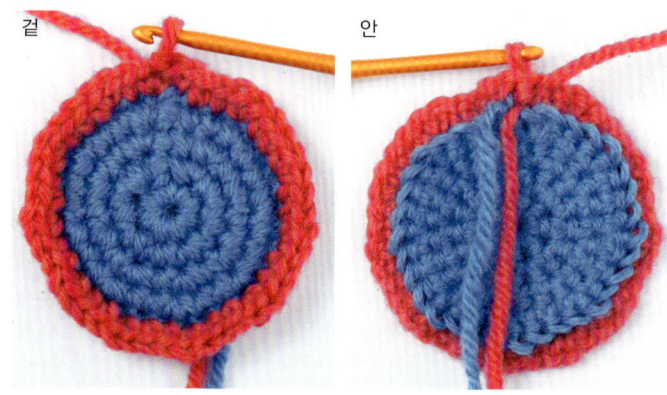

2. 1단을 뜬 상태. 뒷면(안쪽)에 사슬 반 코가 남는다.

머리 사슬 뒤쪽 반 코 주워 뜨기

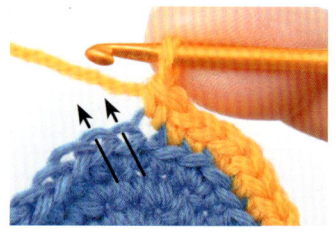

1. 화살표와 같이 바늘을 머리 사슬 뒤쪽 가닥에 넣어 사슬 반 코를 주우며 뜬다.

2. 1단을 뜬 상태. 앞면(겉쪽)에 사슬 반 코가 남는다.

남아 있는 반 코 주워 뜨기

남아 있는 뒤쪽 반 코 주워 뜨기

1. 먼저 뜬 편물을 앞으로 꺾어 내리고, 남아 있는 반 코를 주워 뜬다.

2. 편물이 2갈래로 갈라진다.

남아 있는 앞쪽 반 코 주워 뜨기

1. 남아 있는 반 코를 주워 뜬다.

2. 편물이 2갈래로 갈라진다.

Material guide

자료 사진은 실물 크기이며, 각 실에 대한 정보는 소재/1볼의 무게와 길이, 그리고 색상 수/적합한 바늘 순으로 표기되어 있다.

올림푸스제사주식회사

1. 에미그란데
면 100% | 50g・약 218m・47색, 100g・약 436m・3색 |
레이스용 코바늘 0호~모사용 코바늘 2/0호

2. 에미그란데 〈하우스〉
면 100% | 25g・약 74m・22색 | 모사용 코바늘 3/0~4/0호

3. 샤보뜨Chapeautte
면 100%(의 마 가공, 마 느낌이 나도록 특수 가공) |
35g・약 77m・단색 22색・믹스 6색 | 모사용 코바늘 6/0~7/0호

4. 니코토nicotto 스위트 코튼 〈보통 굵기〉
면 100% | 30g・약 50m・7색 | 모사용 코바늘 5/0~6/0

하마나카주식회사

5. 워시 코튼Wash Cotton
면 64%, 폴리에스터 36% | 40g・약 102m・29색 | 모사용 코바늘 4/0호

6. 플랙스Flax K
리넨 78%, 면 22% | 25g・약 62m・16색, 100g・약 248m・7색 |
모사용 코바늘 5/0호

7. 플랙스Flax Tw
리넨 73%, 면 27% | 25g・약 92m・7색 | 모사용 코바늘 4/0호

8. 코튼 노톡Cotton nottoc
면 100% | 25g・약 90m・19색 | 모사용 코바늘 4/0

요코타 주식회사(다루마)

9. 스트라이프스STRIPES
면 100% | 30g・58m・7색 | 모사용 코바늘 6/0~7/0호

10. SASAWASHI(사사와시)
분류 외 섬유(화지) 100% (발수 가공 완료) | 25g・48m・15색 |
모사용 코바늘 5/0~7/0호

11. 리넨 라미 코튼Linen Ramie Cotton
면 50%, 마 50%(리넨 25%, 라미(모시) 25%) | 50g・102m・9색 |
모사용 코바늘 7/0호

12. 니팅 코튼Knitting Cotton
면 100% | 50g・100m・12색 | 모사용 코바늘 7/0~8/0호

13. 코튼&마 라지Large
면 70%, 마 30%(리넨 15%, 라미 15%) | 50g・201m・15색 |
모사용 코바늘 3/0~4/0호

*색상 수 등 제품사양은 구입 시기에 따라 달라질 수 있습니다.

1.2 심플 에코백

준비물

실 하마나카 워시 코튼
1. 31번(터쿼이즈 블루)…125g
2. 40번(녹차색)…125g

고무벨트 2cm폭 평벨트 검정 27cm 1개씩

바늘 모사용 코바늘 4/0호

게이지(10㎠)
무늬뜨기 31.5코×14단

완성 크기(공통)
너비 18cm×높이 20cm(손잡이 제외)

뜨는 방법(공통)

1. 몸체를 28단까지 뜨고, 이어서 오른쪽 손잡이를 17단까지 뜬다. 왼쪽 손잡이는 지정한 곳에 실을 연결해 17단 뜬다. 입구 부분에 테두리를 1단 뜬다. 같은 방법으로 본체(몸체+손잡이)를 1장 더 뜬다.

2. 본체 2장을 겉과 겉이 만나도록 겹쳐 놓고 양 옆선을 짧은뜨기로 잇는다. (편물 잇기 P.33 참조)

3. 이어 붙인 2장의 본체를 겉이 밖으로 나오도록 뒤집은 다음, 양끝에서 약간 들어온 곳(표시선)을 산접기로 접어 양끝을 안으로 밀어 넣는다.

4. 손잡이 위쪽 끝선을 짧은뜨기로 잇는다. (총 4장이 겹쳐짐)

5. 바닥 끝선도 짧은뜨기로 잇는다. (접어 넣은 양끝은 4장이 겹쳐지고, 가운데 부분은 2장이 겹쳐짐)

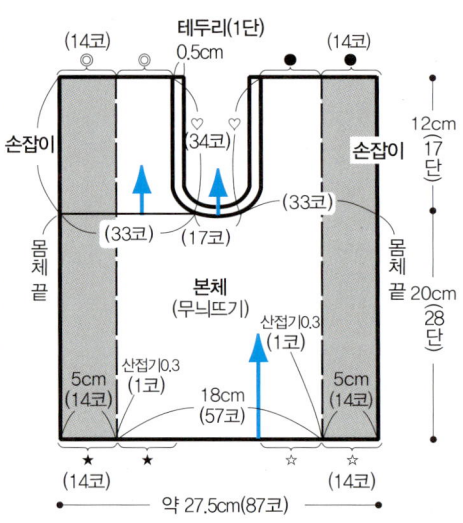

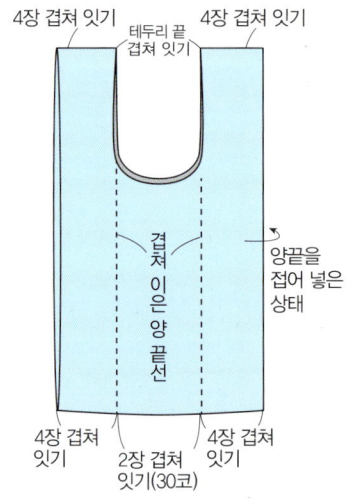

고무벨트 만드는 법 (평벨트 각 1개)

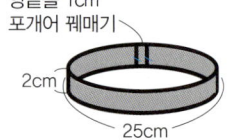

양끝을 1cm 포개어 꿰매기
2cm
25cm

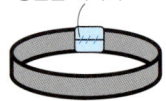

이음매 부분을 커버로 감싼 다음 안쪽에서 양끝을 꿰매기

접는 방법

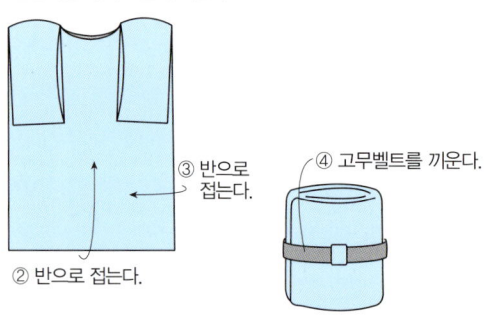

① 손잡이를 아래로 접어 내린다.
② 반으로 접는다.
③ 반으로 접는다.
④ 고무벨트를 끼운다.

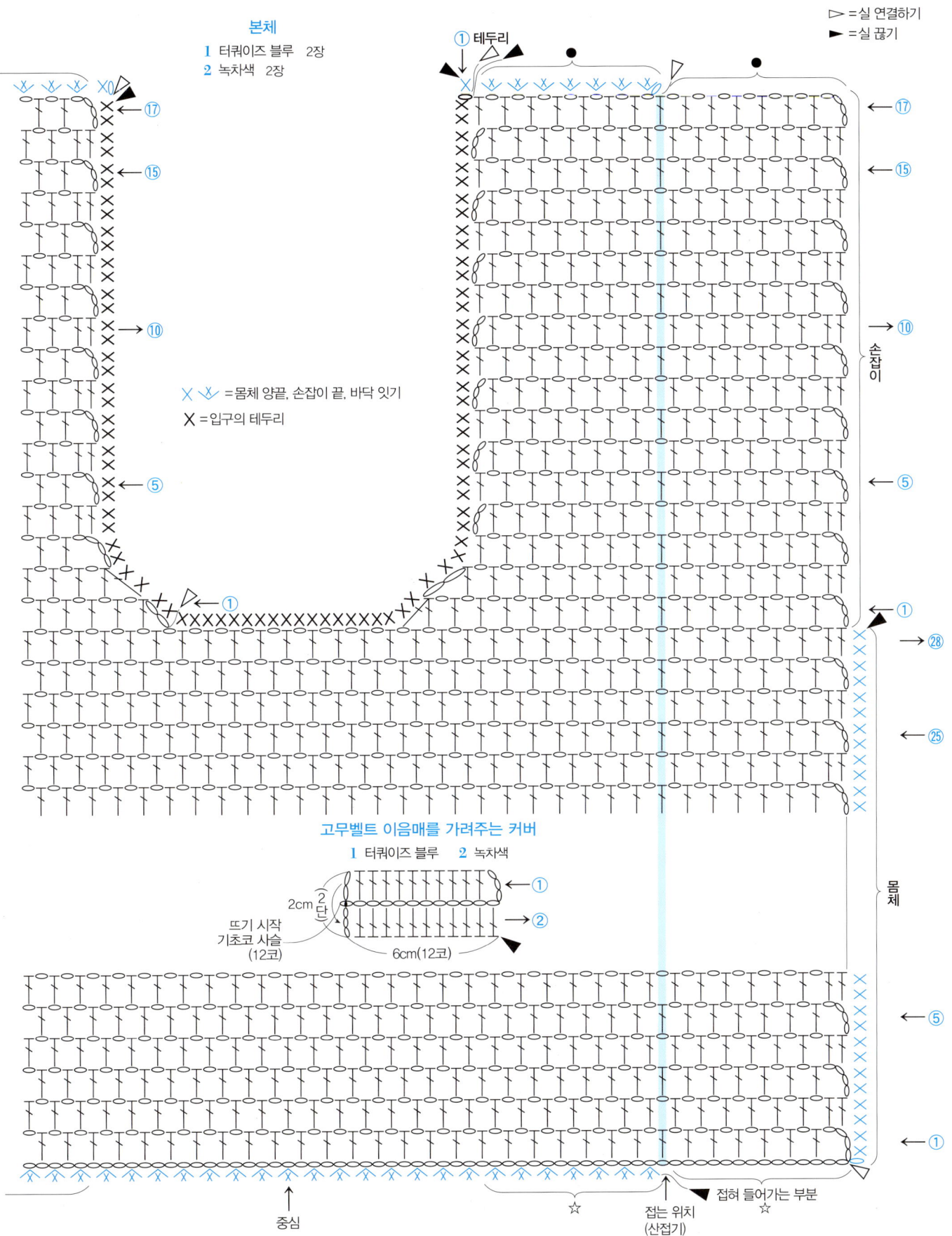

3.4 플랫 에코백

준비물

실 다루마 리넨 라미 코튼
　　3 1번(화이트)…170g　4 3번(인디고블루)…170g

단추 지름 15mm 짜리 1개씩

바늘 모사용 코바늘 6/0호, 3/0호(잠금 끈용)

게이지(10㎠)
짧은뜨기 20.5코×23단 / 무늬뜨기 7무늬×8단

완성 크기(공통)
너비 30cm×높이 약 39cm(손잡이 제외)

뜨는 방법(공통)

1. 바닥을 짧은뜨기로 8단 뜬다.
2. 계속해서 바닥에서 코를 주우며 몸체를 무늬뜨기로 27단 뜬다.
3. 이어서 테두리를 짧은뜨기로 2단 뜬다. 실을 끊지 말고 쉬어 둔다.
4. 손잡이는 테두리의 지정된 위치에 실을 연결해 사슬 85코를 떠 붙인다. (앞판과 뒷판 총 2개)
5. 쉬어 두었던 실로 테두리 3, 4단을 뜬다(이때 손잡이 사슬 바깥쪽 2개 단도 뜨게 됨). 그리고 손잡이 안쪽에 실을 연결한 다음 손잡이 안쪽과 입구 쪽 테두리를 짧은뜨기로 2단 뜬다.
6. 잠금 끈은 사슬 140개를 뜨고 반으로 접어 끝에서 3cm 위치에 매듭을 만든다.
7. 본체 안쪽에 잠금 끈을 꿰매 붙이고, 바깥쪽에 단추를 단다.

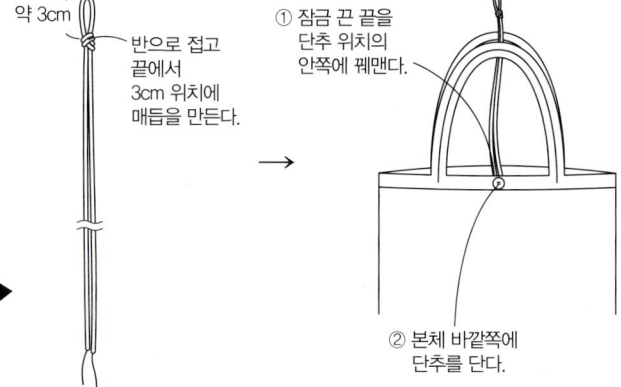

잠금 끈 3/0호
3 화이트　4 인디고블루

사슬(140코) 약 55cm

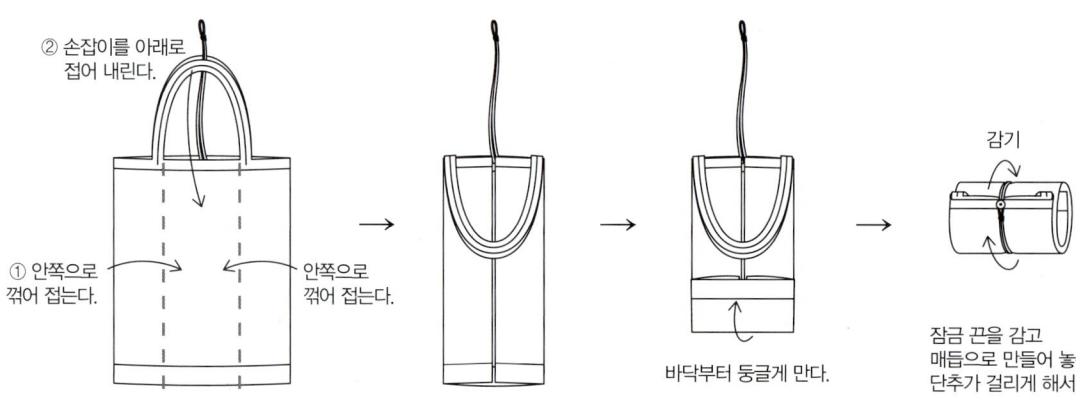

38

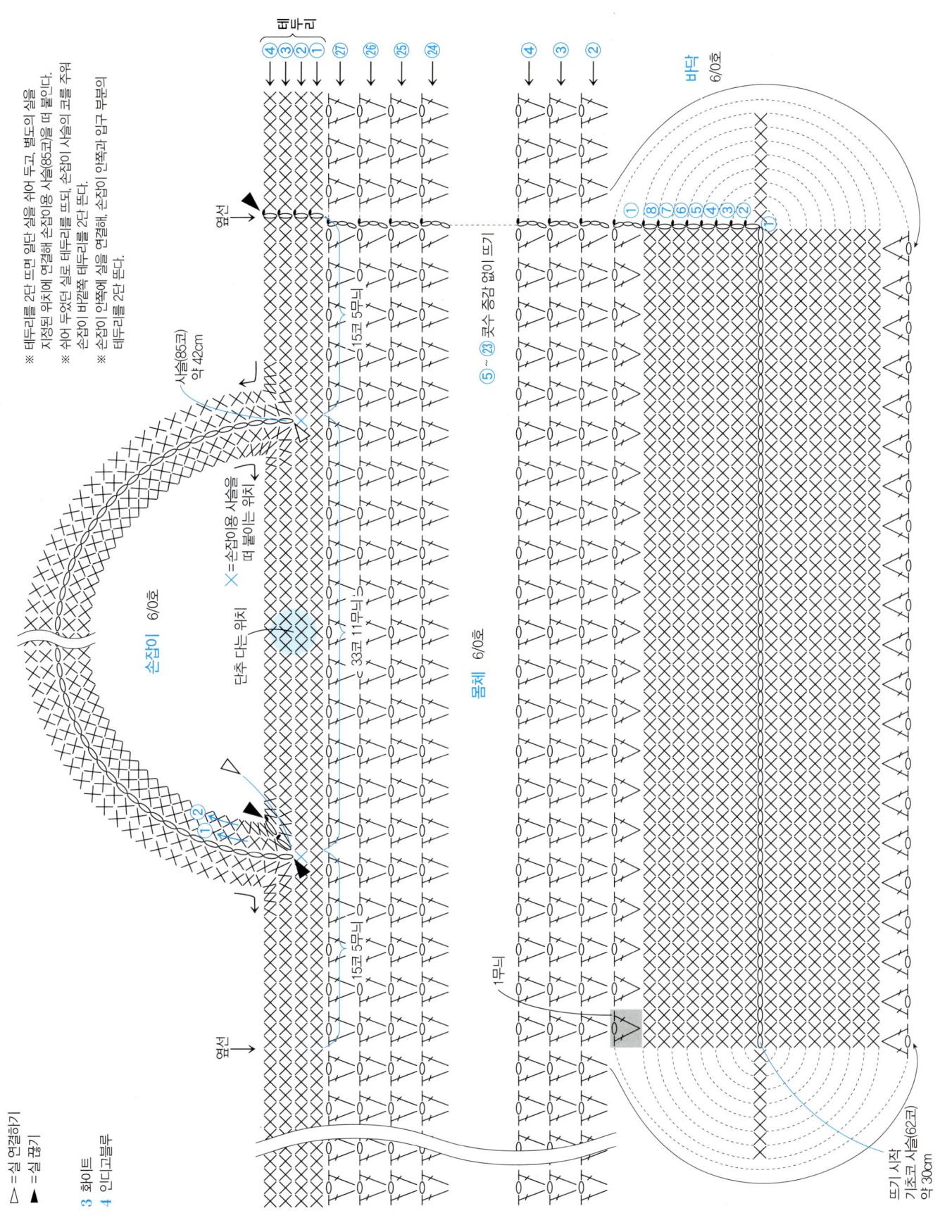

5.6 스트라이프 에코백

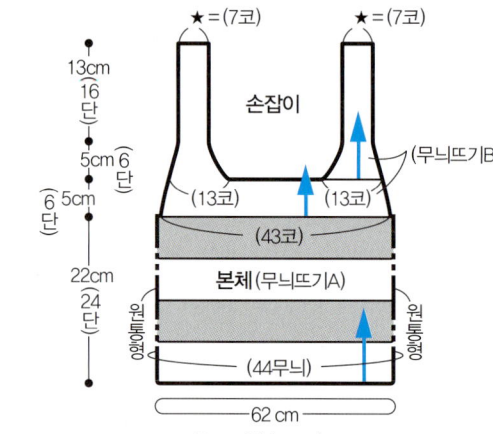

준비물

실 다루마 스트라이프스
  5 3번(그레이)…105g,
    3번(그레이)×2번(화이트)…45g
  6 5번(귤색)…105g,
    5번(귤색)×2번(화이트)…45g

단추 지름 20mm짜리 1개씩

바늘 모사용 코바늘 6/0호

게이지(10㎠)
무늬뜨기A 21코×11단

완성 크기(공통)
너비 31cm×높이 27cm(손잡이 제외)

뜨는 방법(공통)

1. 본체는 기초코 사슬 132개를 뜨고 첫 코에 빼뜨기하여 원형으로 만든 다음 무늬뜨기A로 총 24단을 뜬다. 이때, 단이 올라가는 수직 라인이 사선으로 기울어지는 것을 막기 위해 원형뜨기가 아닌 왕복뜨기로 뜨고, 6단마다 색깔을 바꿔 뜨는 점에 주의한다.

2. 편물 안쪽 지정된 위치에 새 실을 연결하고 본체에서 43코를 주우며 무늬뜨기B를 총 6단 뜬 다음 이어서 왼쪽 손잡이를 22단 뜬다. 오른쪽 손잡이도 지정된 위치에 실을 연결해 22단 뜬다. 본체 뒷판에도 같은 방법으로 무늬뜨기B와 손잡이를 뜬다.

3. 바닥은 양옆의 1코를 제외한 65코를 바깥쪽 반 코씩만 주우며 감침질하여 잇고, 손잡이는 7코를 바깥쪽 반 코씩만 주우며 감침질하여 잇는다. (편물 잇기 P.33 참조)

4. 바닥 중앙에 단추 고리를 떠 붙이고, 지정된 위치에 단추를 단다.

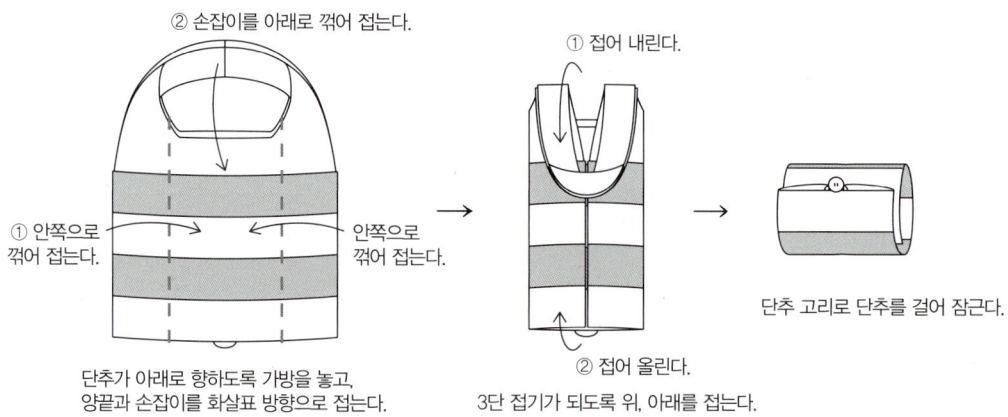

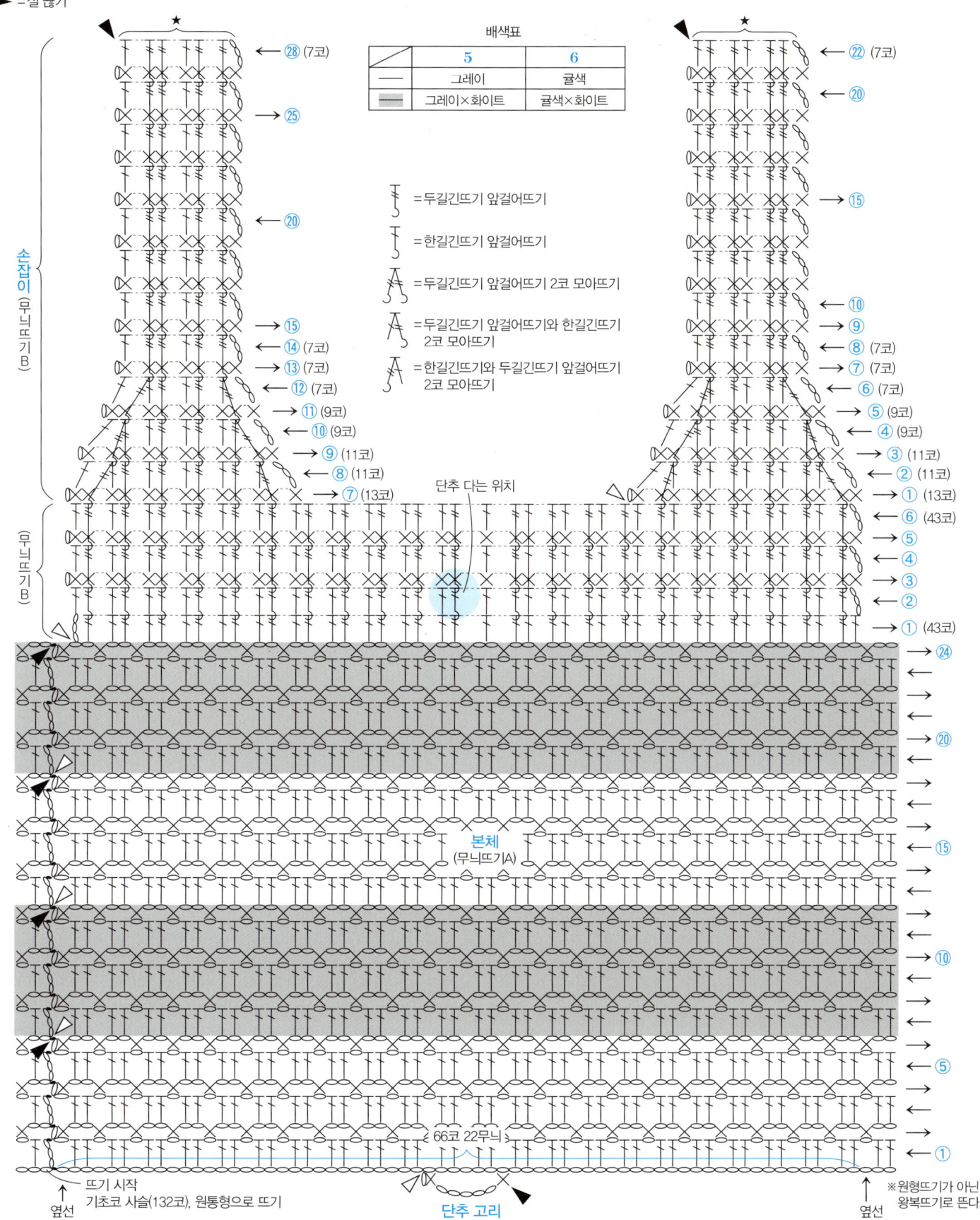

7.8 파인애플 패턴 에코백

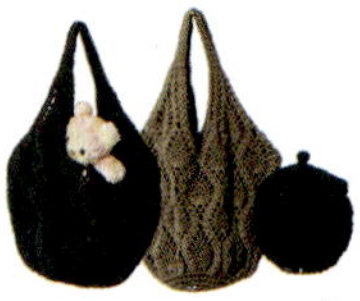

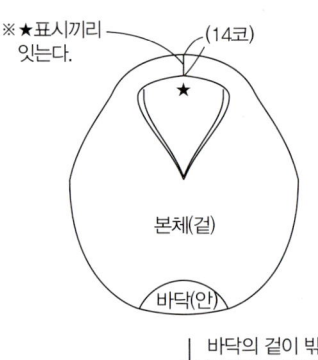

준비물

실 올림푸스 에미그란데 〈하우스〉
　7 H20(검정)…135g　　8 H22(갈색)…135g

바늘 모사용 코바늘 3/0호

완성 크기(공통)
너비 약 30cm×높이 약 17cm(손잡이 제외)

뜨는 방법(공통)

1. 바닥을 6단 뜬다. 총 2장을 뜬다.
2. 바닥의 안쪽을 보면서 바닥의 마지막 단 사슬 앞쪽 반 코를 주우면서 파인애플 무늬뜨기를 20단 뜬다.
3. 지정한 곳에 실을 연결하고 왼쪽 손잡이와 오른쪽 손잡이를 각각 24단 뜬다. 그리고 양쪽 손잡이 끝 단을 잇는다.
4. 본체의 바닥과 따로 떠 둔 바닥을 겉과 겉이 만나도록 겹쳐 놓은 후 짧은뜨기와 사슬뜨기 4개로 연결하고, 29코가 남았을 때 포켓 입구를 3단 뜬다. (P.44 〈그림1〉 참조)
5. 단추를 떠서 포켓 입구에 단다.

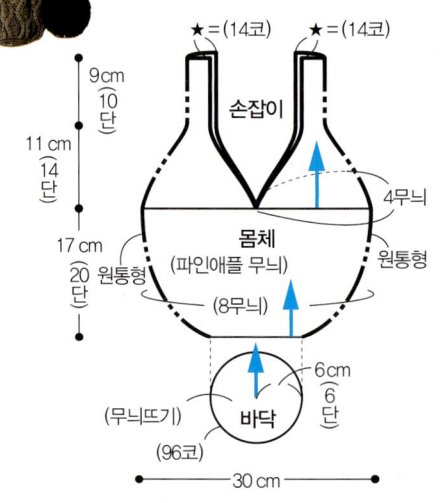

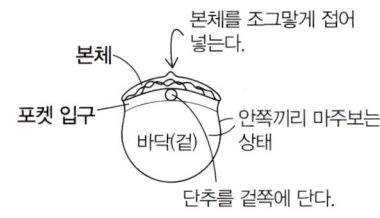

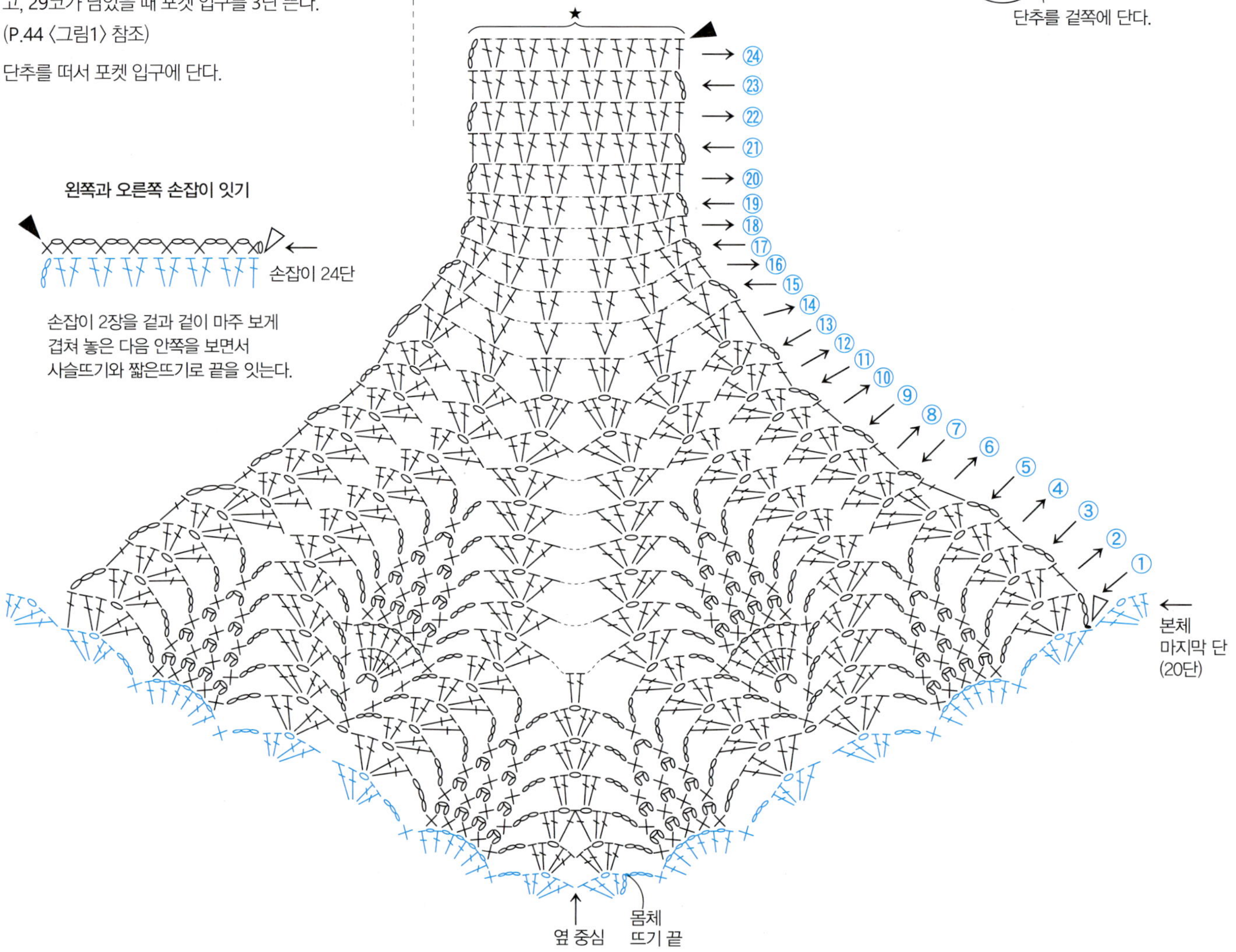

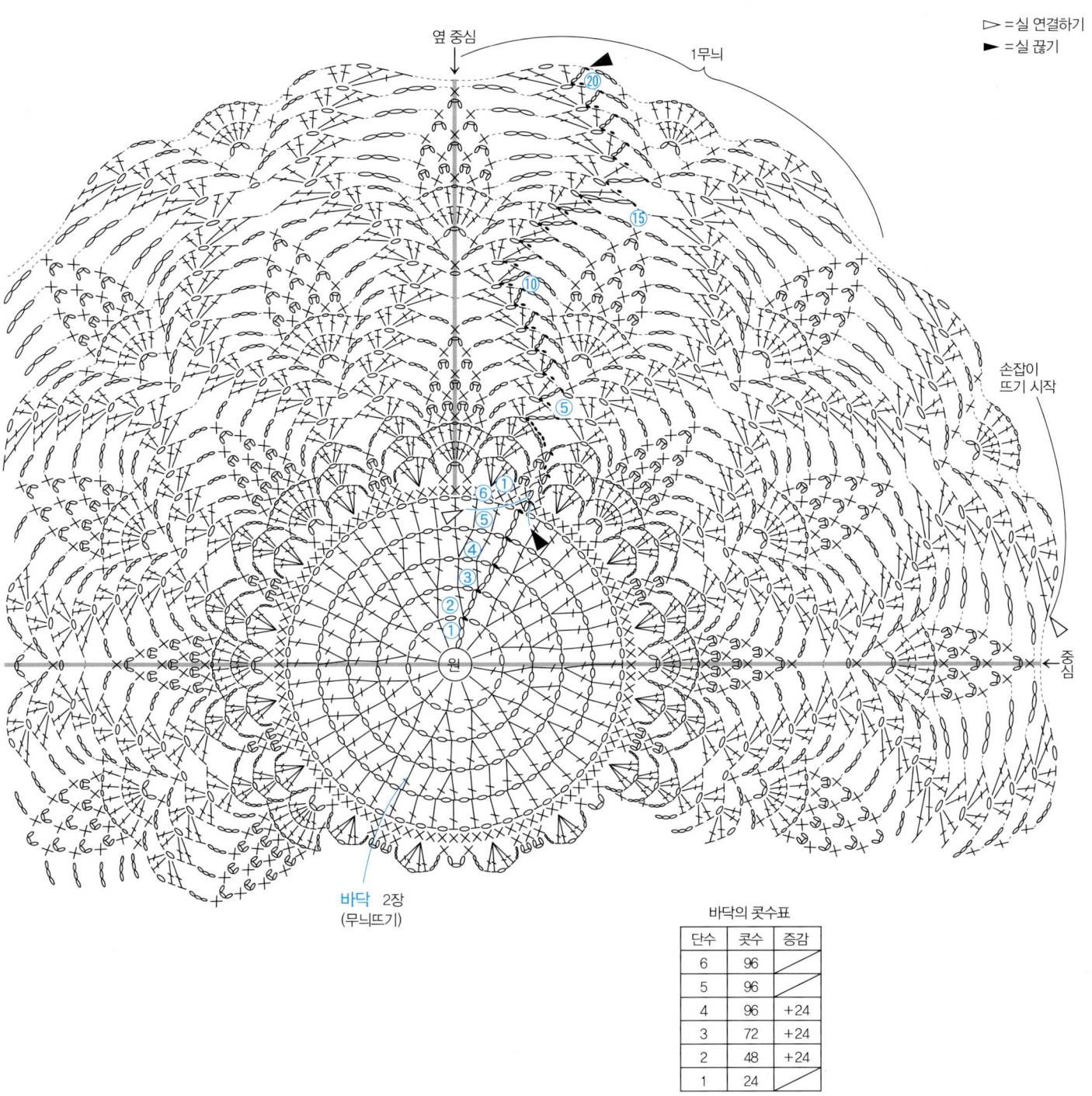

〈그림1〉 바닥 2장을 잇고 포켓 입구 뜨는 법

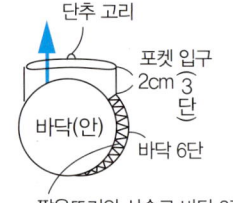

① 바닥 2장을 겉과 겉이 만나도록 겹쳐 놓는다.
② 바닥 6단에 남아 있는 반 코를 주우면서 도안과 같이
   짧은뜨기와 사슬뜨기로 2장을 잇는다. (29코가 남을 때까지)
③ 이어서 포켓 입구를 3단 뜨되,
   중간에 단추 고리를 떠 넣는다.
   (포켓 입구는 안쪽을 보면서 뜨개질)

7 검정
8 갈색

포켓 입구

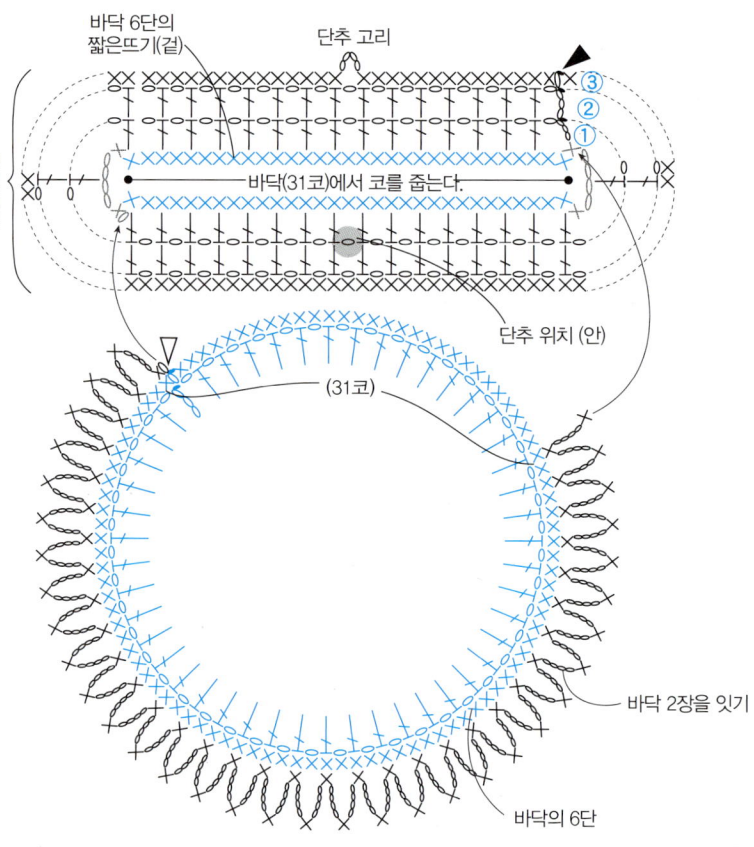

단추

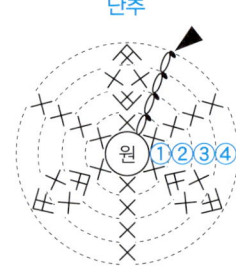

단추의 콧수표

단수	콧수	증감
4	6	-3
3	9	
2	9	+3
1	6	

〈그림2〉 단추 마무리하는 법

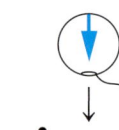

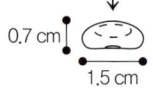

① 단추를 뜨면 둥근 공처럼 되는데,
  그 안을 실로 채운 다음, 자른 실 끝을 돗바늘에 꿰어
  마지막 단의 코에 실을 통과시킨 다음 당겨 조인다.
② 몇 군데를 꿰매어 모양을 납작하게 다듬는다.

9.10 아즈마 에코백

준비물

실 다루마 코튼&마 라지
   9 2번(베이지)…85g
  10 16번(핑크)…85g

바늘 모사용 코바늘 4/0호

게이지(10㎠)

그물뜨기 8.5산×18.5단

완성 크기(공통)

너비 39cm×높이 35cm(손잡이 제외)

뜨는 방법(공통)

1. 모티브A는 그물뜨기 26단을 뜬다.
2. 모티브B는 21단까지는 모티브A와 같은 방법으로 뜨고, 22단부터 왕복뜨기로 5단 뜨개질한다. 모티브B는 총 2장 뜬다.
3. 모티브 A와 B를 안과 안이 만나도록 겹쳐 놓고 짧은뜨기로 잇는다. (편물 잇기 P.33 참조)
4. 테두리와 손잡이 장식을 뜨고, 손잡이 장식에서 코를 주워 손잡이를 뜬다. 반대편의 손잡이도 같은 방법으로 뜬다.
5. 양쪽 손잡이 끝을 겉과 겉이 만나도록 겹쳐 놓고 빼뜨기로 잇는다.

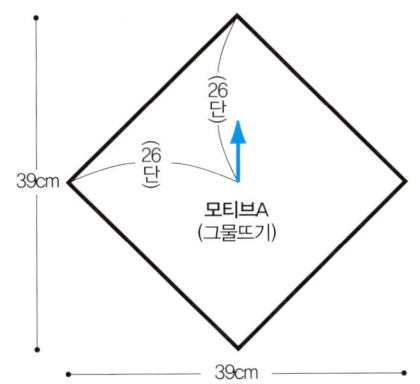
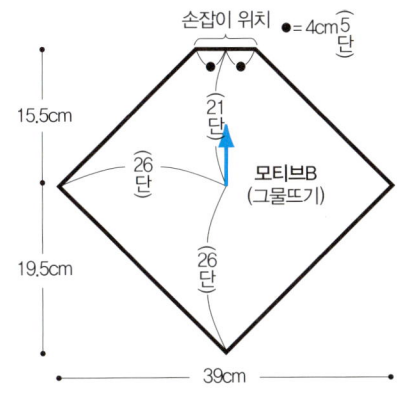
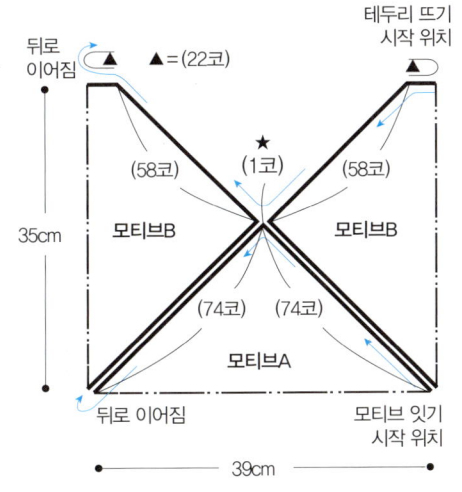
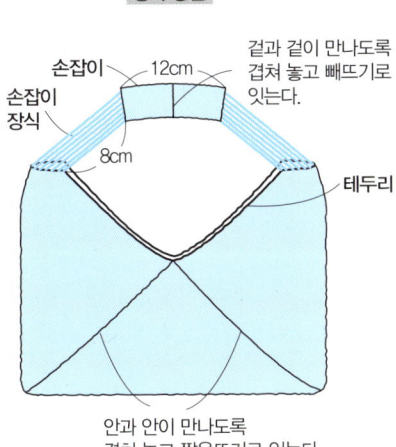
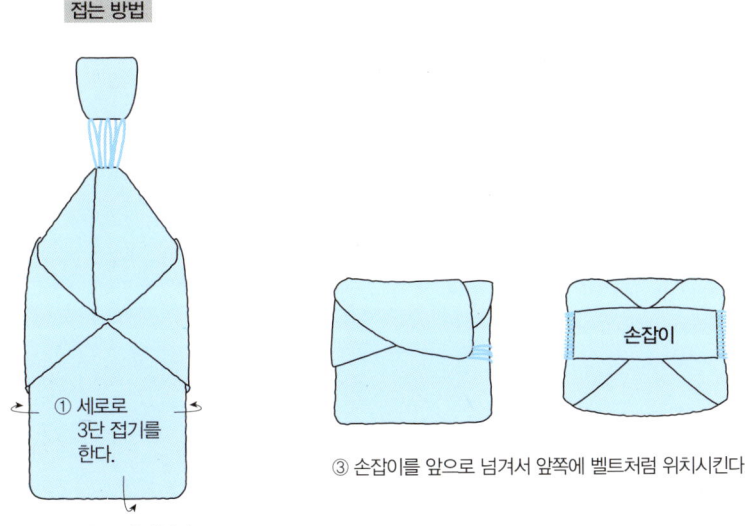

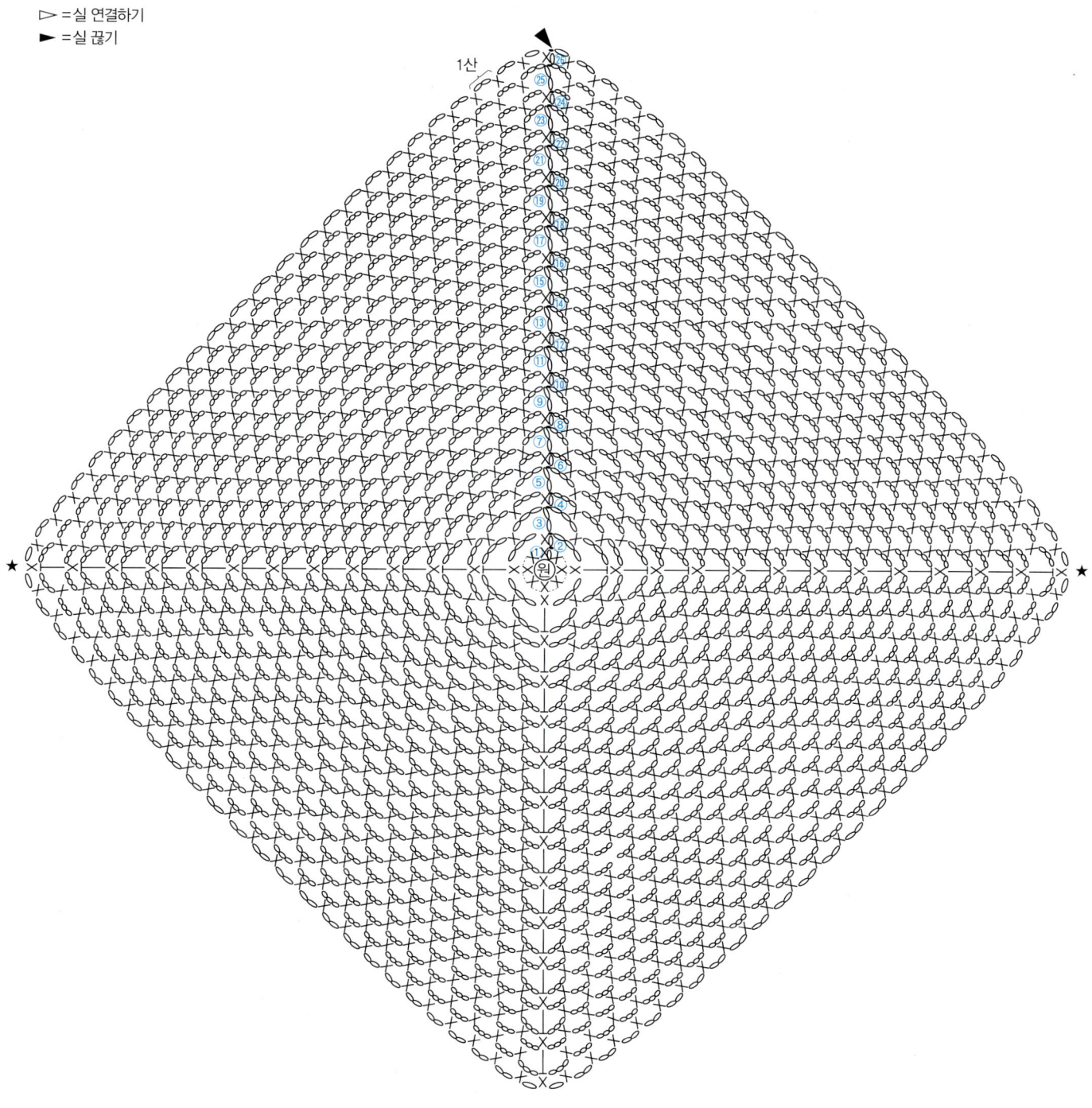

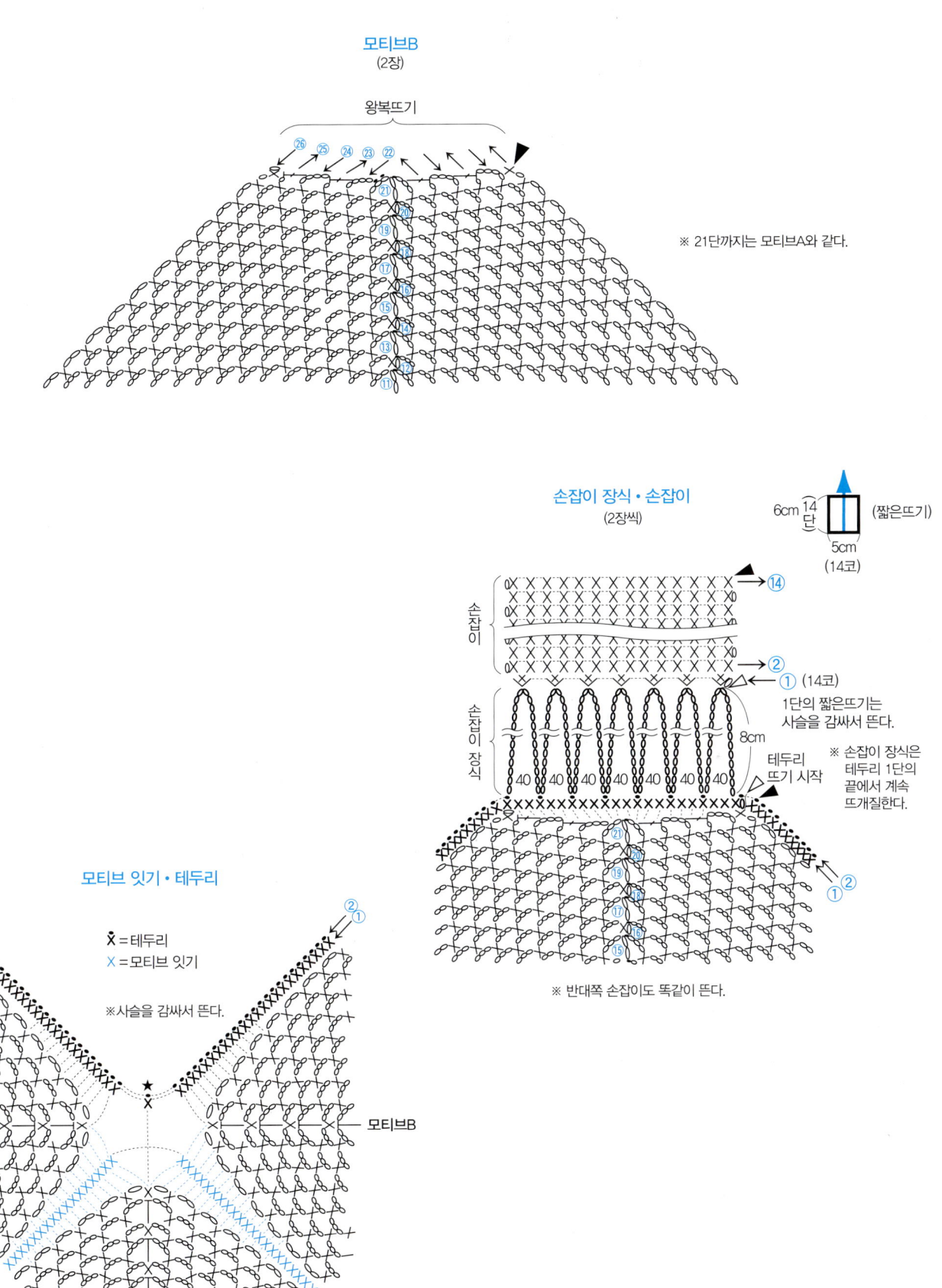

11.12 스퀘어 에코백

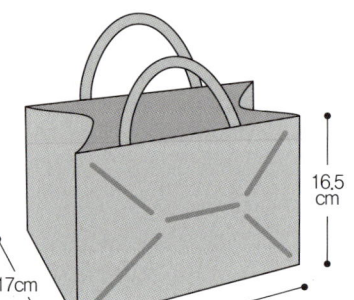

준비물

실 다루마 사사와시
  11 6번(다크 올리브)…125g
  12 17번(먹색)…125g

단추 지름 20mm짜리 2개씩

바늘 모사용 코바늘 6/0호

게이지
무늬뜨기 10cm=18코・8cm=6단

완성 크기(공통)
그림 참조

뜨는 방법(공통)

1. 도안을 참고해 몸체 2장(앞판과 뒷판), 바닥 1장, 옆판 2장을 뜬다. 그리고 바닥의 지정된 위치에 단추를 단다.
2. 〈그림1〉을 참고해 몸체와 바닥을 짧은뜨기로 잇는다.
3. 〈그림2〉를 참고해 2에서 연결한 몸체+바닥 편물과 옆판을 짧은뜨기로 연결한다
4. 바닥의 지정된 위치에 실을 연결해 잠금 끈을 뜨고, 몸체(앞판과 뒷판)의 지정된 위치에 실을 연결해 손잡이를 뜬다.

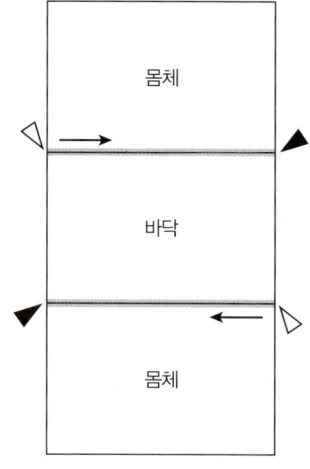

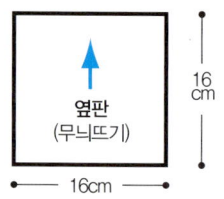

정리 방법

〈그림1〉 몸체・바닥 잇기

※ 몸체와 바닥을 안과 안이 만나도록 겹쳐 놓고 몸체를 보면서 2장의 코를 함께 주우며 짧은뜨기로 잇는다.

〈그림2〉 몸체・옆판・바닥 잇기

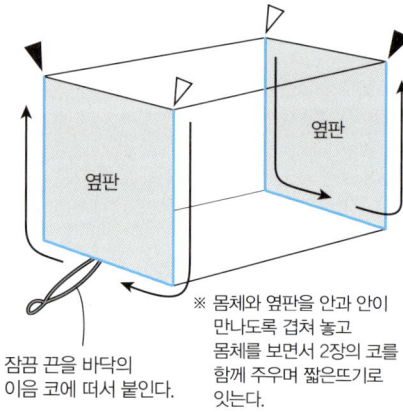

잠금 끈을 바닥의 이음 코에 떠서 붙인다.

※ 몸체와 옆판을 안과 안이 만나도록 겹쳐 놓고 몸체를 보면서 2장의 코를 함께 주우며 짧은뜨기로 잇는다.

단추 다는 방법

같은 색 실을 통과시킨 후 매듭을 짓는다.

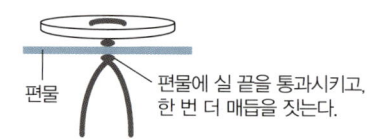

편물에 실 끝을 통과시키고, 한 번 더 매듭을 짓는다.

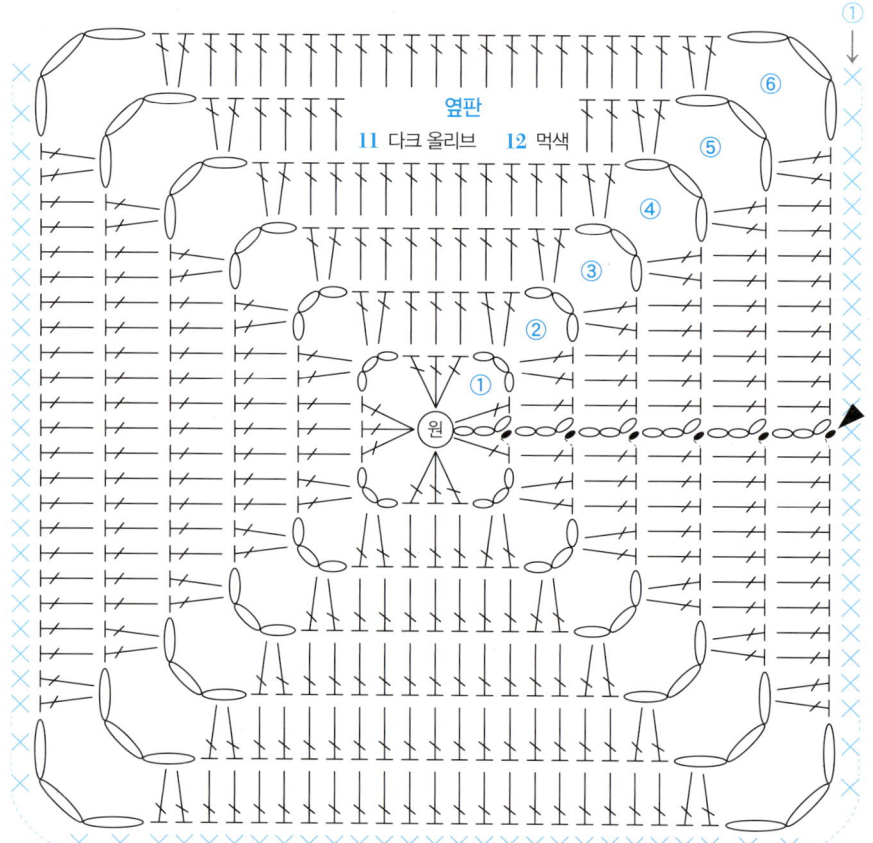

옆판 11 다크 올리브 12 먹색

× = 옆판과 '몸체+바닥' 편물을 겹쳐 놓고 2장의 코를 함께 주우며 잇는다.

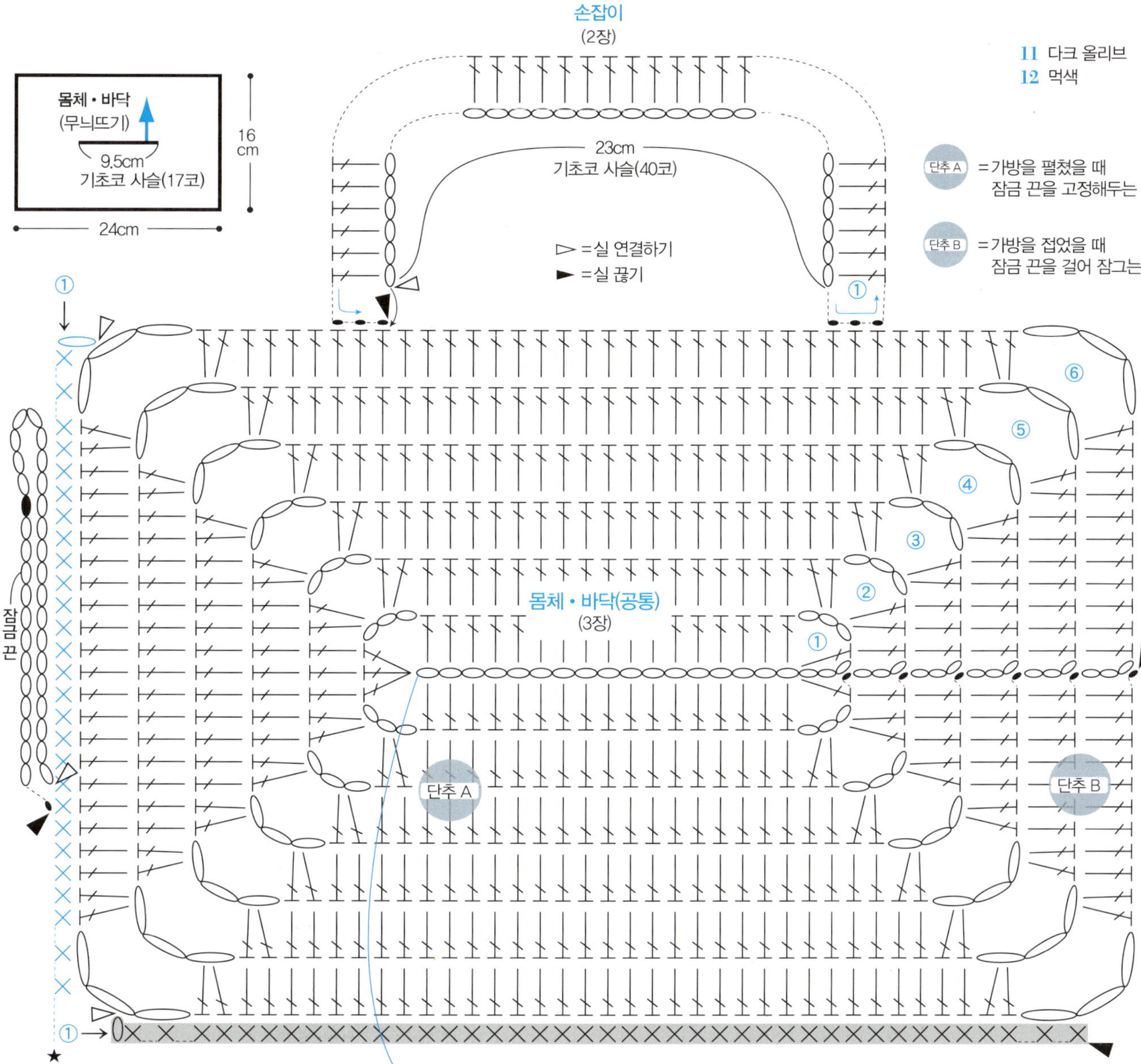

몸체 • 바닥
(무늬뜨기)
9.5cm
기초코 사슬(17코)
24cm
16cm

손잡이
(2장)
23cm
기초코 사슬(40코)

11 다크 올리브
12 먹색

▷ = 실 연결하기
▶ = 실 끊기

단추 A = 가방을 펼쳤을 때 잠금 끈을 고정해두는 단추
단추 B = 가방을 접었을 때 잠금 끈을 걸어 잠그는 단추

몸체 • 바닥(공통)
(3장)

단추 A   단추 B

잠금 끈

뜨기 시작
기초코 사슬(17코)

★ = 반대쪽까지(앞판-바닥-뒷판) 계속해서 뜨고 실을 끊는다.

▨ = 몸체와 바닥의 코를 함께 주워 두 편물을 잇는다.
✕ = 몸체의 앞판과 옆판, 바닥과 옆판, 몸체의 뒷판과 옆판의 코를 함께 주우며 각각의 편물을 잇는다.

접는 방법

1. 잠금 끈이 왼쪽으로 오도록 가방을 놓고, 그림과 같이 몸체를 접는다.

2. 손잡이를 앞으로 꺾어 접는다.

3. 몸체를 반으로 접어 단추에 잠금 끈을 건다.

4. 다 접은 상태

49

13.14 플리츠 에코백

준비물

실 하마나카 플랙스 K
  13 17번(감색), 213번(스모크 블루)…각 100g
  14 14번(그레이 베이지)…200g
바늘 모사용 코바늘 5/0호

게이지(10cm²)
무늬뜨기 20코×16.5단

완성 크기(공통)
너비 36cm×높이 35cm(손잡이 제외)

뜨는 방법(공통)

1. 도안을 참고해 본체를 뜨되, 1단은 기초코의 뒷산을 주우며 뜨고, 작품 13은 6단마다 색을 바꿔 뜬다. 59단까지 뜬 다음 실을 끊지 말고 쉬어 둔 채 편물을 반으로 접는다.
2. 쉬어 둔 실로 반으로 접은 본체의 위 끝선을 빼뜨기 하여 잇고, 아래 끝선은 실을 새로 연결해 잇는다. (이후 가방의 양 옆선이 됨)
3. 편물을 돌린 후 가방 입구에 해당하는 끝단에 테두리(짧은뜨기)를 1단 뜬다.
4. 지정한 위치에 실을 연결해 손잡이A를 뜬 다음, 반대쪽 손잡이B를 뜨면서 손잡이A 끝에 빼뜨기로 연결한다.
5. 사슬뜨기로 조임 끈을 뜨고, 테두리로 뜬 짧은뜨기 단의 아래쪽에 한 가닥씩 통과시킨 후 끝을 묶어 매듭을 만든다.

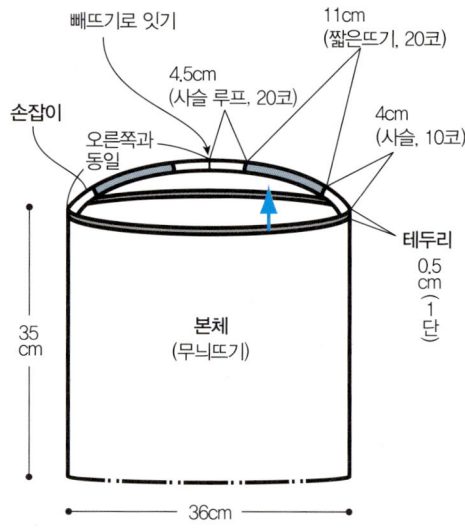

정리 방법

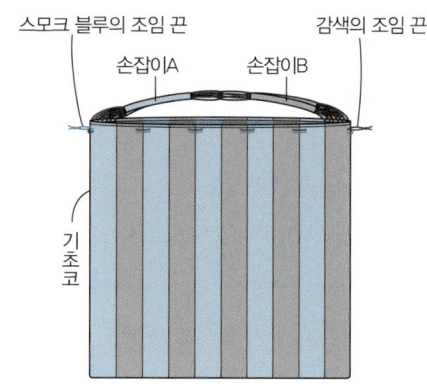

〈그림1〉 만드는 순서

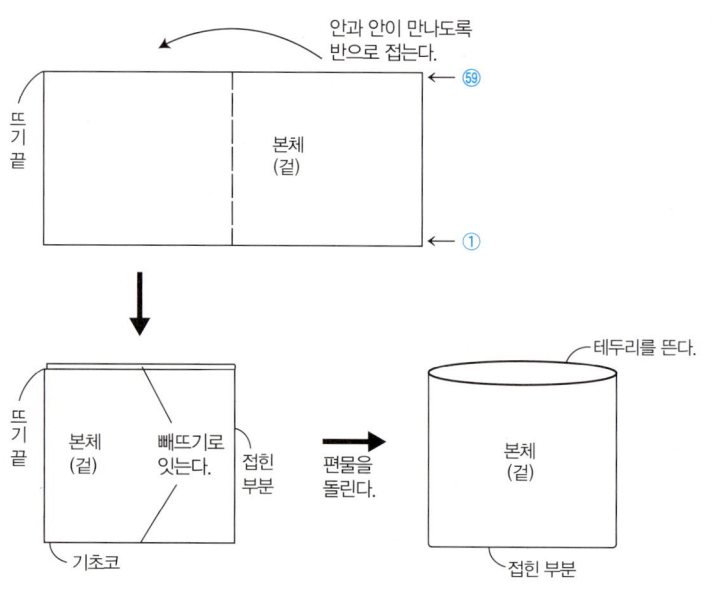

접는 방법

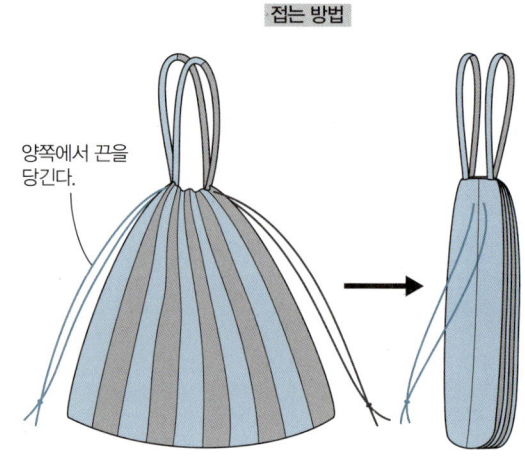

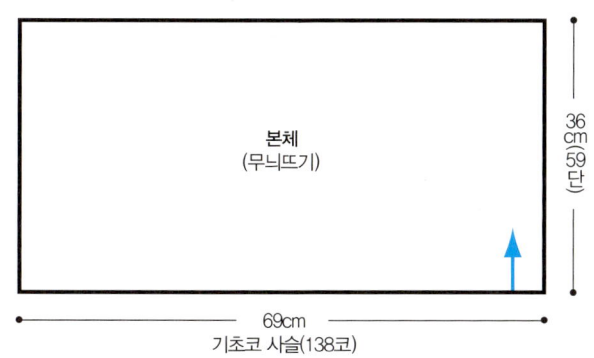

본체
13 스모크 블루・감색
14 그레이 베이지

뜨개질 끝의 실을 쉬어 두는 위치

뜨기 시작. 기초코 사슬(138코)

● =편물의 안을 보면서 전단의 머리 사슬 뒤쪽 반 코를 주워 뜨개질
X =편물의 겉을 보면서 전전단에 남아 있는 머리 사슬 반 코를 주워 뜨개질

● =편물의 안을 보면서 전단의 머리 사슬 앞쪽 반 코를 주워 뜨개질
X =편물의 겉을 보면서 전전단에 남아 있는 머리 사슬 반 코를 주워 뜨개질

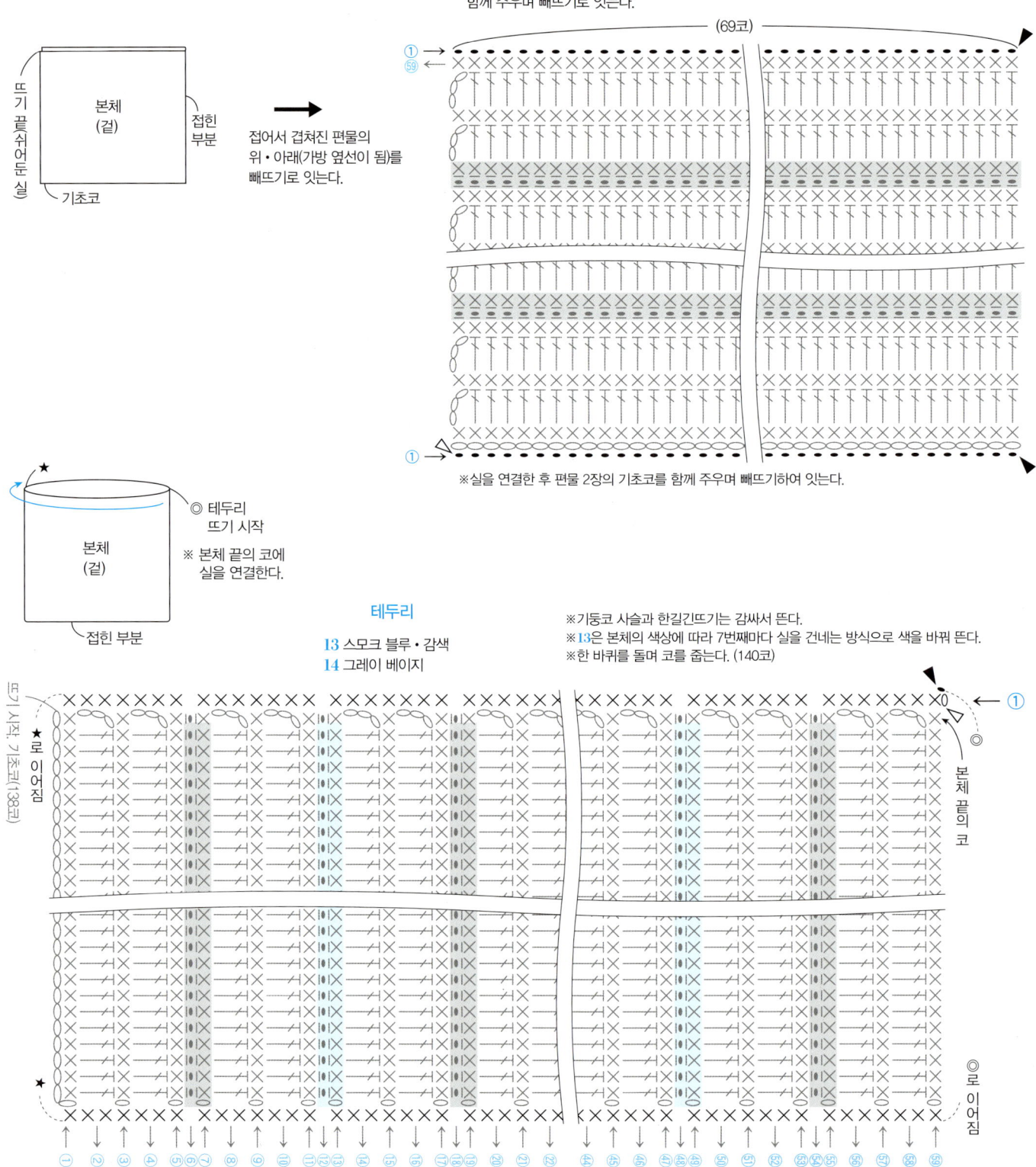

손잡이A
13 스모크 블루　14 그레이 베이지

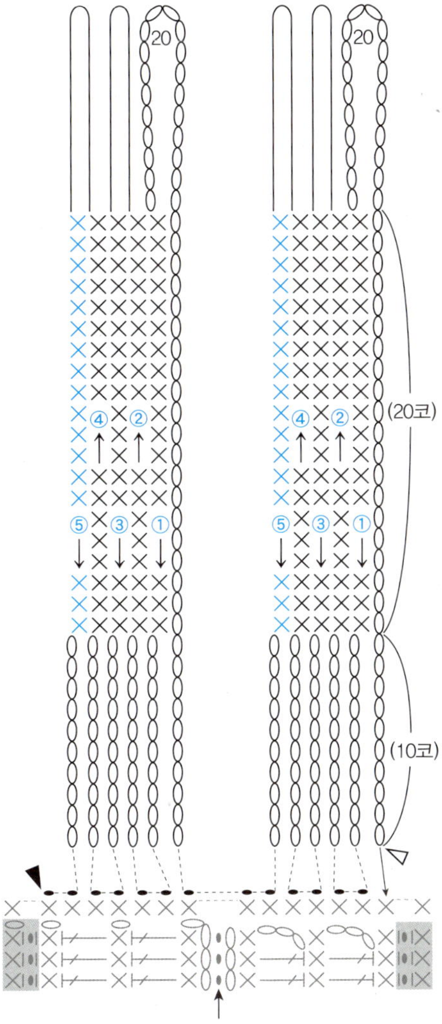

손잡이B
13 감색　14 그레이 베이지

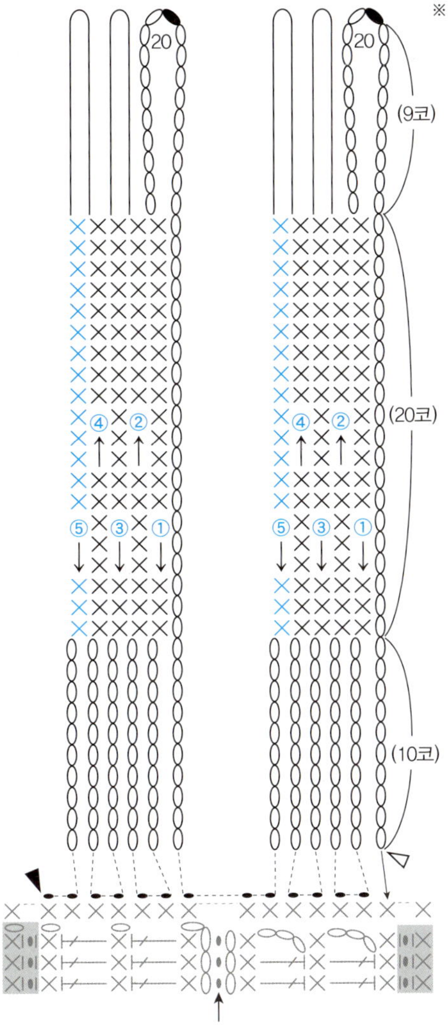

※ 손잡이A의 사슬 루프를 주워서
사슬을 감싸며 빼뜨기 하여 잇는다.

✕ = 전단의 머리 사슬과 기초코를
함께 주워서 뜬다.

옆 중심(옆선)

조임 끈
13 스모크 블루·감색　각1개
14 그레이 베이지　2개

92cm(170코)

조임 끈을 통과시키는 위치

매듭을 묶는다.
옆 중심

※ 가방 옆선 쪽에 끈을 끼워 한 바퀴를 돌린 다음 처음 끼웠던 곳에서
끝부분을 꺼내서 매듭을 묶는다. 반대쪽 옆선에 같은 방법으로
다른 하나의 끈을 끼우고 매듭을 묶는다.

15.16.17 과일 모티브 에코백

준비물

실 하마나카 코튼 노톡

- **15** 18번(연두)⋯65g, 14번(빨강)⋯7g, 1번(아이보리)⋯1g, 9번(갈색)⋯1g
- **16** 9번(갈색)⋯70g, 1번(아이보리)⋯5g, 14번(빨강)⋯3g, 12번(노랑)⋯2g, 18번(연두)⋯1g
- **17** 7번(베이지)⋯65g, 12번(노랑)⋯5g, 6번(담녹색)⋯2g

단추 지름 18mm짜리 1개씩

바늘 모사용 코바늘 4/0호

게이지(10㎠)
그물뜨기 5.5산×9단

완성 크기(공통)
그림 참조

뜨는 방법

15 수박

1. 도안을 참고해 바닥A와 바닥B를 뜬다. 이때 바닥B는 실을 끊지 말고 쉬어둔다. (바닥A와 바닥B는 뜨는 법은 동일하고 색만 다르다.)
2. 바닥A와 바닥B의 기둥코 위치를 맞추어 바닥B의 안과 바닥A의 겉이 만나도록 겹쳐 놓고, 바닥B를 보면서 쉬어 둔 실로 2장의 코를 함께 주우며 짧은뜨기 60코를 떠서 두 편물을 잇는다. 이어 바닥B의 코만 주워 짧은뜨기를 30코(개구부) 뜬다. (P.56 〈그림 1〉 참조)
3. 바닥A의 안쪽이 보이도록 편물을 뒤집고, 몸체의 1단을 뜬다(바닥B의 30코, 바닥A와 바닥B를 이어붙인 60코 순). 이어서 그물뜨기로 24단을 뜬다.
4. 이어서 한길긴뜨기로 테두리를 뜨되, 2단 중간에서 사슬을 떠서 손잡이를 만든다.
5. 바닥B와 같은 색의 실로 바닥B의 지정된 위치에 단추를 달고, 바닥A에 단추 고리를 떠 붙인다.

16 사과

1. 모티브를 6단 뜬다. 이때 5단은 4단의 머리 사슬 반 코만 주워 뜬다.
2. 사과 모티브 4단의 지정된 곳에 실을 연결하고 4단의 남아 있는 반 코를 주우며 바닥A의 1단을 뜬다. 계속해서 2단까지 뜬다.
3. 도안을 참고해 바닥B를 뜨되, 실은 끊지 말고 쉬어 둔다.
4. 바닥A 위에 바닥B를 겹쳐 놓고, 바닥B를 보면서 쉬어 둔 실로 2장의 코를 함께 주우며 짧은뜨기 60코를 떠서 두 편물을 잇는다. 이어 바닥B의 코만 주워 짧은뜨기를 30코(개구부) 뜬다. (P.56 〈그림 1〉 참조)
5. 15 수박의 3~4와 같은 방법으로 몸체를 뜬 다음 테두리와 손잡이를 뜬다.
6. 바닥B에 단추 고리를 떠 붙이고, 바닥B와 같은 색 실로 바닥A의 지정된 위치에 단추를 단다.

17 파인애플

1. 모티브를 뜬 다음, 모티브의 지정된 위치에 실을 연결해 바닥A의 1단을 뜬다. 계속해서 4단까지 뜬다.
2. 도안을 참고해 바닥B를 뜨되, 실은 끊지 말고 쉬어 둔다.
3. 16 사과와 같은 방법으로 바닥A 바닥B를 겹쳐 잇는다.
4. 15 수박의 3~5와 같은 방법으로 몸체를 뜬 다음, 테두리와 손잡이를 뜨고, 단추와 단추 고리를 단다.

접는 방법

1. 편물을 평평하게 펴 놓고, 바닥을 그림과 같이 접는다.

2. 개구부를 통해 바닥을 뒤집고(a), 몸체를 손잡이 폭 정도로 접는다(b).

3. 가방 본체를 끝에서 바닥 포켓 쪽으로 돌돌 말아 포켓 안에 넣는다.

4. 단추에 단추 고리를 걸어 잠근다.

15 수박 바닥A(과육과 씨)
(배색)

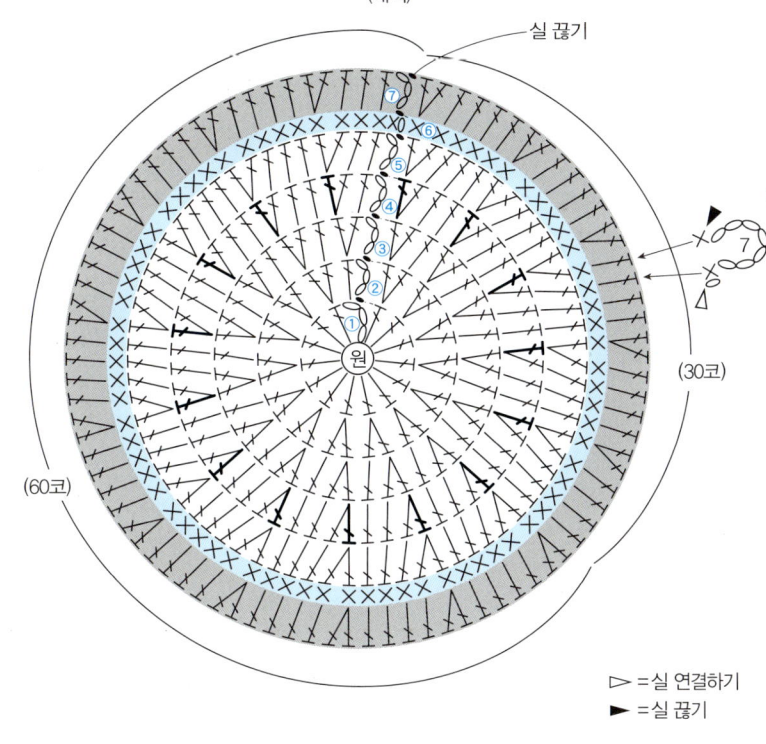

수박 바닥A 배색표

	색
	연두
	아이보리
	갈색
	빨강

수박 바닥A 콧수표

단수	콧수	증감
7	90	+15
6	75	
5	75	+15
4	60	+15
3	45	+15
2	30	+15
1	15	

▷ = 실 연결하기
▶ = 실 끊기

15 수박 바닥B(껍질)
(연두)

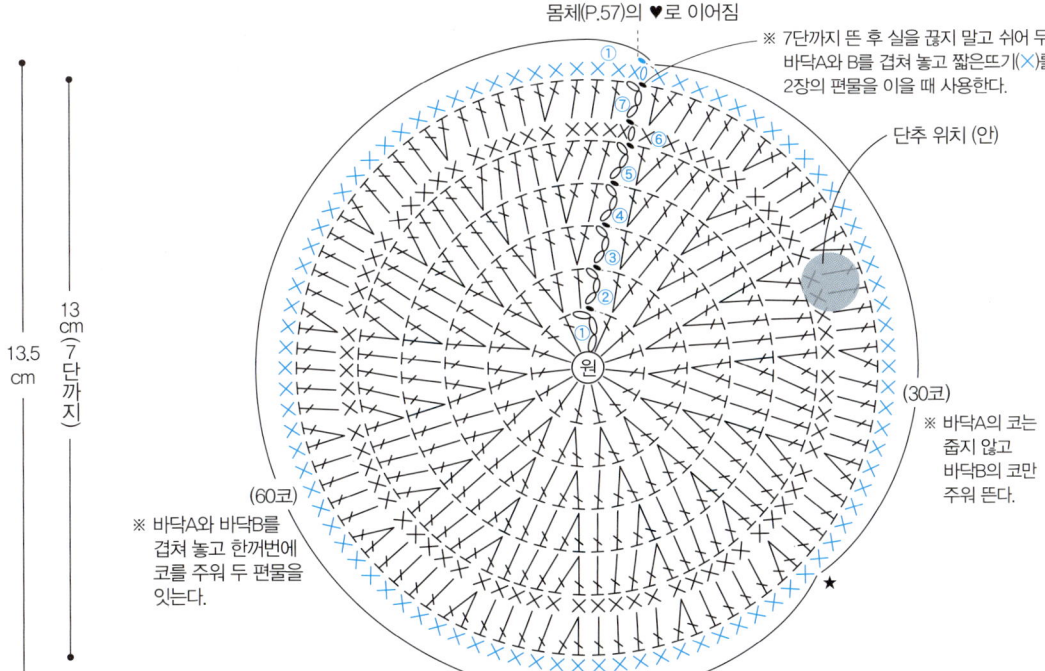

수박 바닥B 콧수표

단수	콧수	증감
7	90	+15
6	75	
5	75	+15
4	60	+15
3	45	+15
2	30	+15
1	15	

〈그림1〉 바닥A・B 포개는 법(공통)

개구부를 남기며 바닥 편물을 잇는 방법

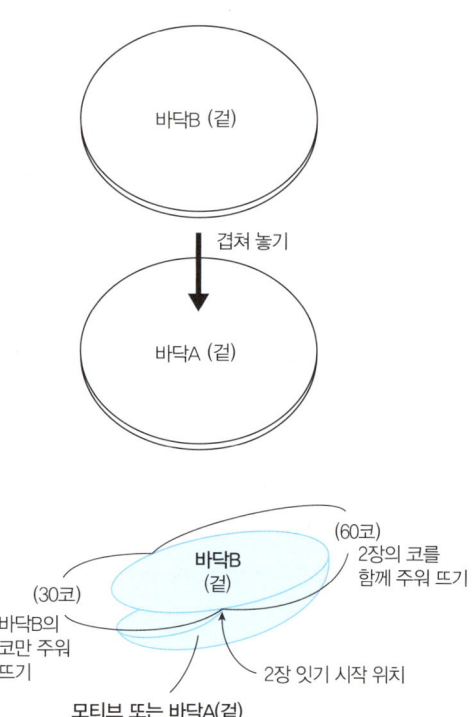

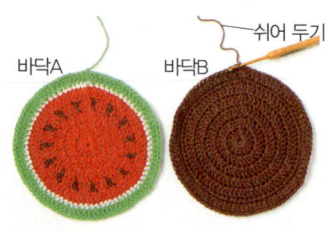

1. **바닥A・B 뜨기** 도안을 참고해 바닥A와 바닥B를 뜬다. 이때 바닥B는 뜨개실을 끊지 말고 쉬어 둔다.

2. **바닥A・B 잇기** 바닥A의 겉에 바닥B의 기둥코를 맞추어 포개어 놓는다. 바닥B를 보면서 바닥A와 바닥B의 머리 사슬을 주운 다음 바늘 끝에 실을 걸어 뺀다.

3. 사슬뜨기 1개로 기둥코를 세우고, 같은 코에 짧은뜨기 1코를 뜬다.

4. 계속해서 두 편물을 짧은뜨기로 잇는다.

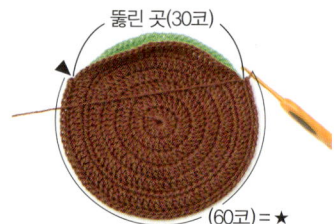

5. 짧은뜨기 60코를 뜬 상태

6. **바닥B에 짧은뜨기 뜨기** 남은 30코는 바닥B의 코만 주워서 뜬다. 이 부분은 바닥 포켓의 뚫린 입구(개구부)가 된다.

7. 첫 번째 짧은뜨기 코에 빼뜨기 하여 단을 마무리한다.

8. **편물 뒤집기** 바닥A의 안쪽이 보이도록 편물을 뒤집는다.

몸체・테두리(공통)

15 (수박) 연두 **16** (사과) 갈색 **20** (파인애플) 베이지

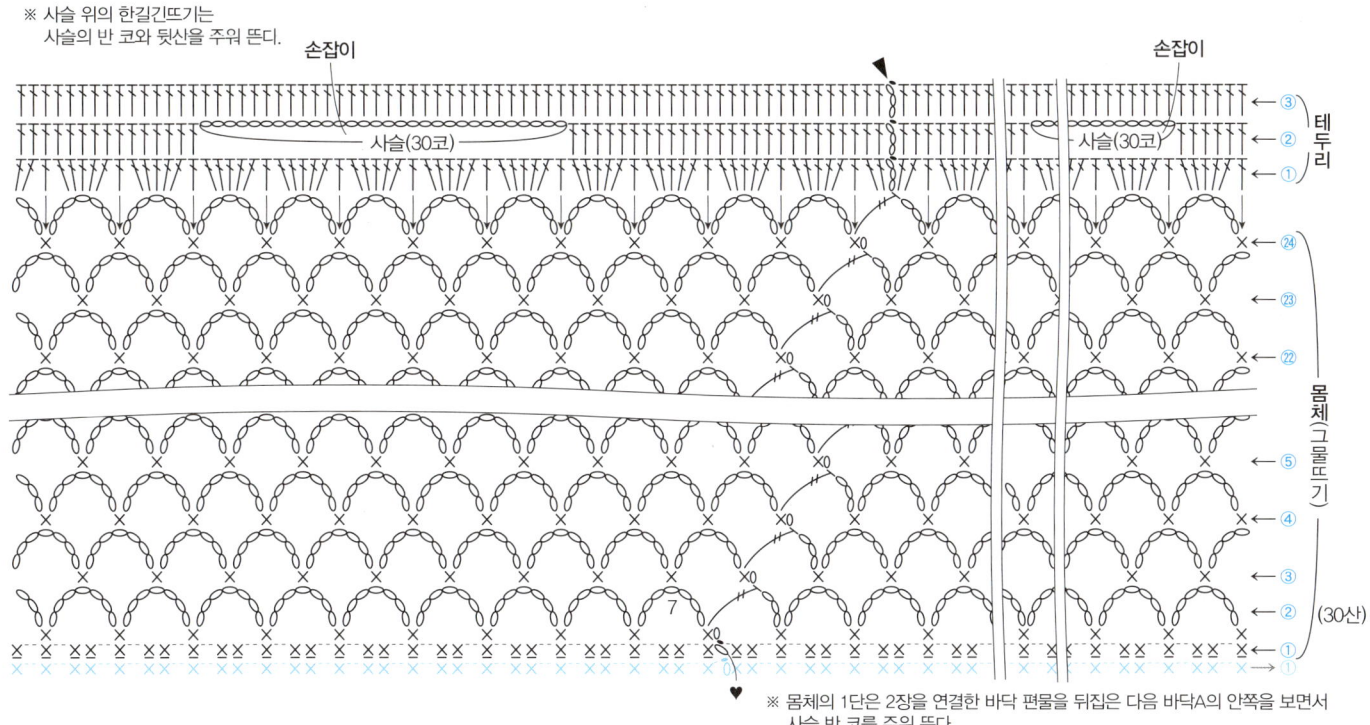

※ 사슬 위의 한길긴뜨기는 사슬의 반 코와 뒷산을 주워 뜬다.

※ 몸체의 1단은 2장을 연결한 바닥 편물을 뒤집은 다음 바닥A의 안쪽을 보면서 사슬 반 코를 주워 뜬다.

테두리・손잡이의 치수와 콧수

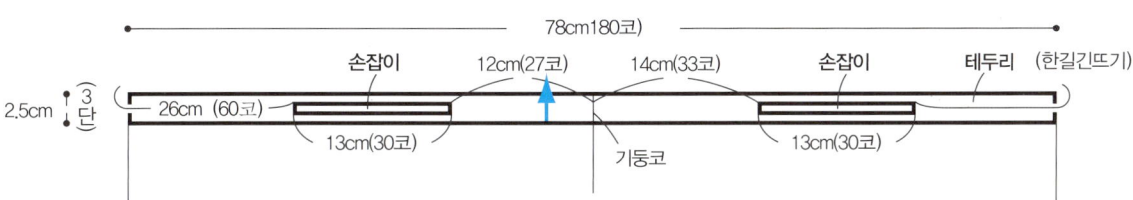

바닥에 이어서 몸체 뜨기

1. 바닥A의 안쪽을 보면서 바닥B의 개구부(30코)의 뒤쪽 반 코를 주워서 짧은뜨기 줄기뜨기를 뜬다.

2. 편물을 이을 때 뜬 짧은뜨기 코(60코)에 짧은뜨기 줄기뜨기를 뜨고, 첫 번째 짧은뜨기 코에 빼뜨기 하여 1단을 마무리한다.

3. 그물뜨기로 몸체 뜨기 계속해서 그물뜨기로 몸체를 뜨고 이어서 테두리와 손잡이를 뜬다.

4. 단추 고리 떠 붙이기 마지막으로 바닥 A의 겉에 사슬뜨기로 단추 고리를 떠 붙인다.

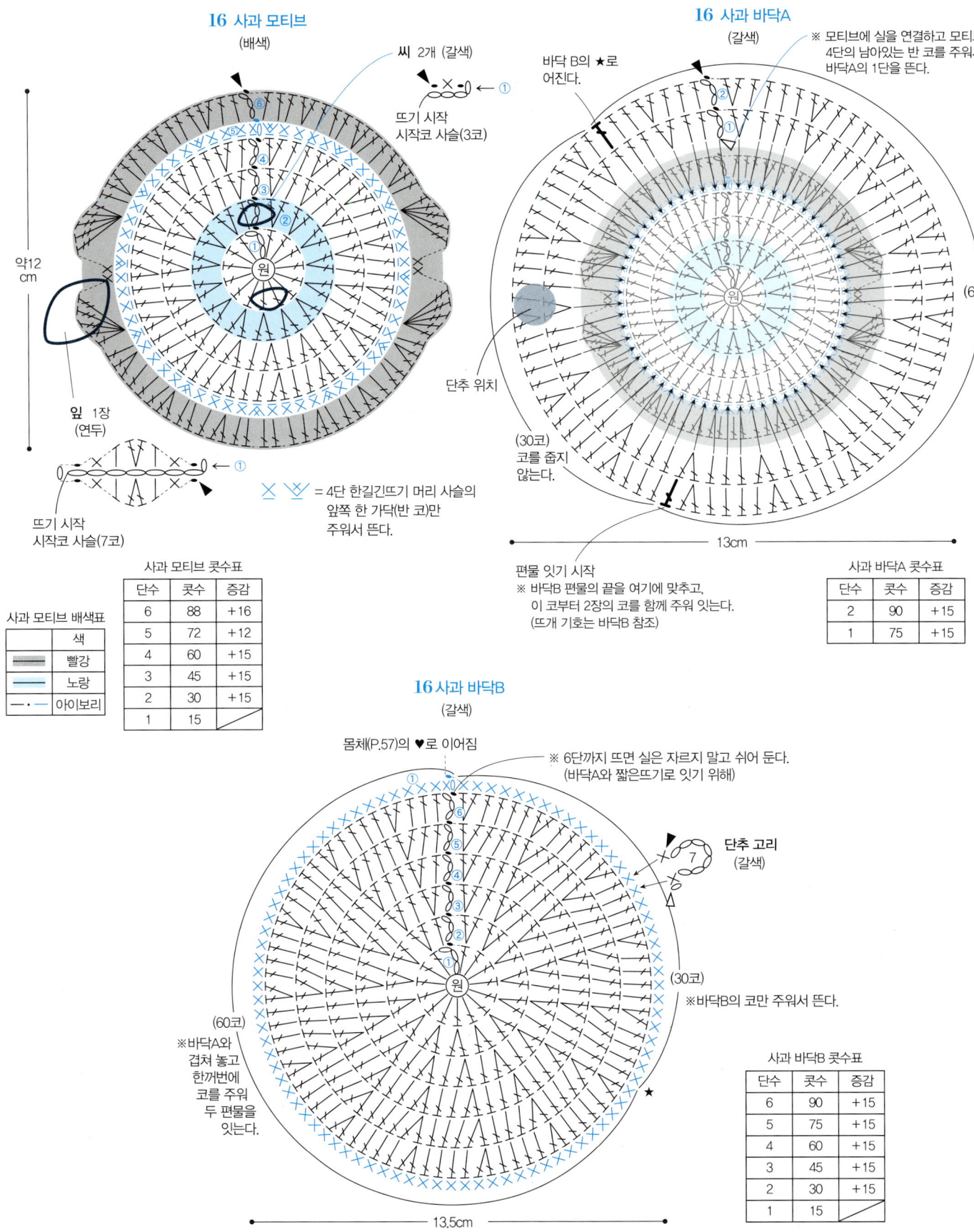

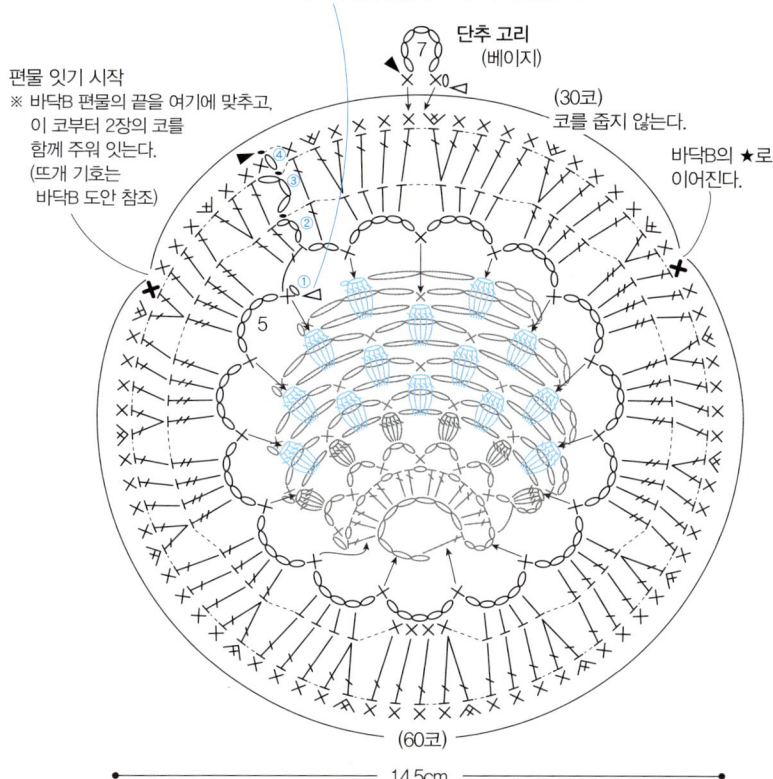
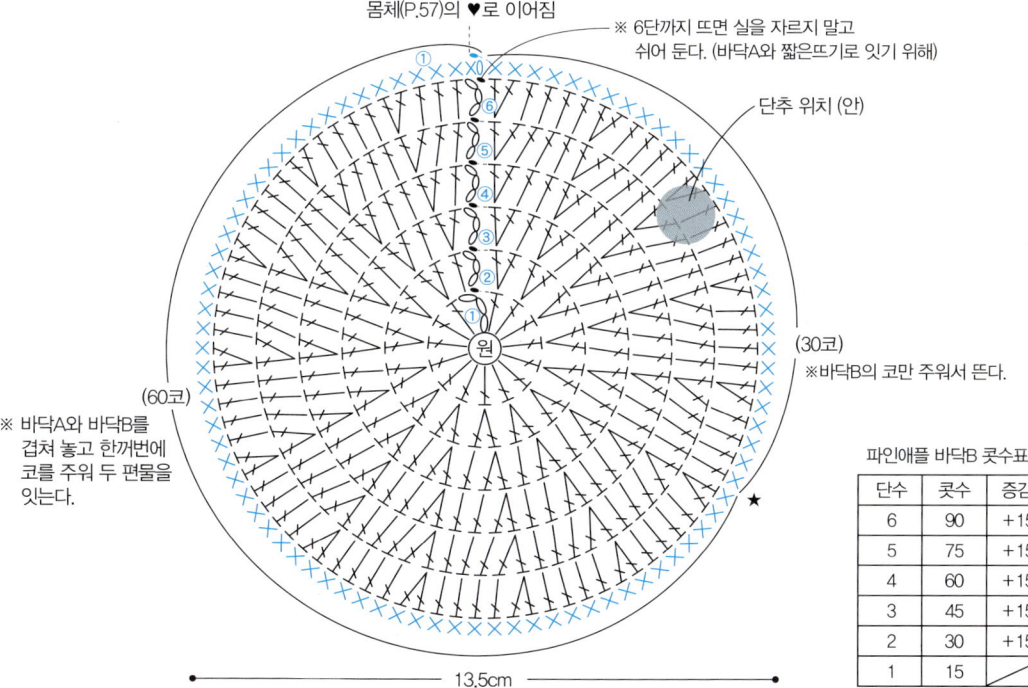

18.19.20 동물 모티브 에코백

준비물

실 18 하마나카 플랙스 Tw 704번(연두)…95g
　　　　하마나카 코튼 노톡 9번(갈색)…3g, 7번(베이지)…2g, 10번(검정)…약간

　　19 하마나카 플랙스 Tw 702번(핑크)…95g
　　　　하마나카 코튼 노톡 10번(검정)…3g, 1번(아이보리)…2g

　　20 하마나카 플랙스 Tw 707번(베이지)…95g
　　　　하마나카 코튼 노톡 7번(베이지)…3g, 10번(검정)…약간
　　　　하마나카 워시 코튼 39번(그레이 베이지)…2g

단추 18 콩단추(H220-606-1 블랙 6mm)…2개
　　　　19 콩단추(H220-608-1 블랙 8mm)…2개
　　　　20 콩버튼(H220-608-1 블랙 8mm)…2개

바늘 모사용 코바늘 4/0호

게이지(10㎠)
무늬뜨기 33코×17.5단

완성 크기(공통)
너비 27.5cm×높이 30cm(손잡이 제외)

뜨는 방법(공통)

1. 도안을 참고해 가방 본체(바닥+몸체)를 52단 뜬다.
2. 테두리는 총 3단을 뜨되, 1단에서 콧수를 줄이며 뜬다.
3. 단추를 뜬 다음 실을 연결해 단추 끈을 뜬다.
4. 잠금 끈과 손잡이를 뜬다.
5. 각 동물들의 머리 및 눈, 귀 등의 부품을 뜨고, 적당한 곳에 부품을 달아 동물 얼굴 모티브를 완성한다.
6. 가방 본체 앞판에 완성된 동물의 얼굴 모티브를 꿰매 붙이고, 모티브 아래 중앙에 '단추+단추 끈'을 붙인다.
7. 몸체 안쪽에 손잡이와 잠금 끈을 단다.

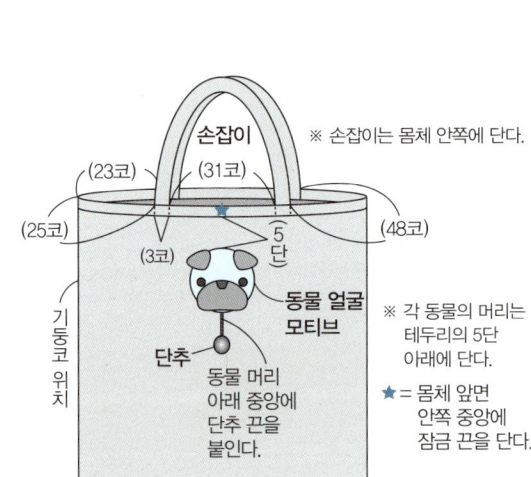

각 동물의 머리

18 곰

19 고양이

20 강아지

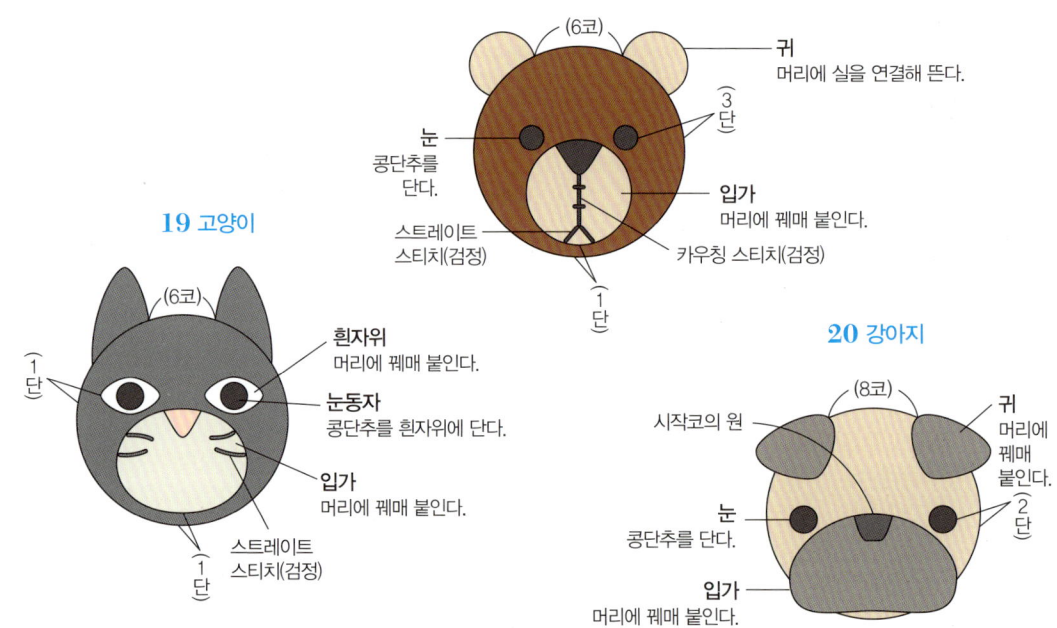

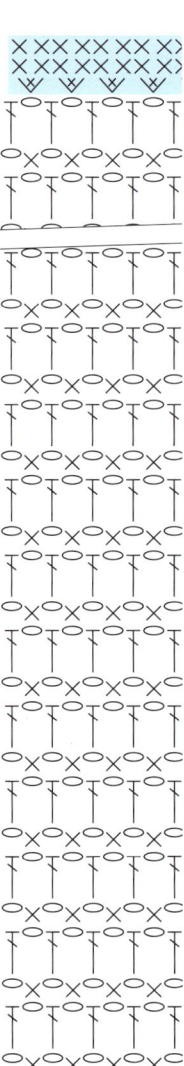

접는 방법

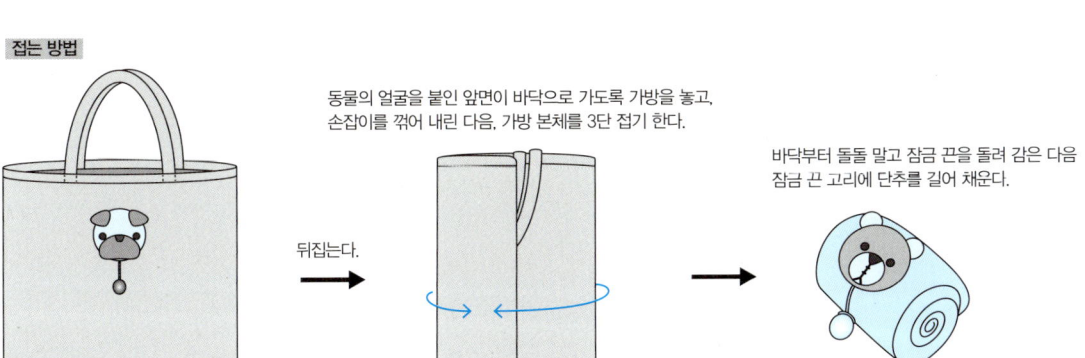

뒤집는다.

동물의 얼굴을 붙인 앞면이 바닥으로 가도록 가방을 놓고, 손잡이를 꺾어 내린 다음, 가방 본체를 3단 접기 한다.

바닥부터 돌돌 말고 잠금 끈을 돌려 감은 다음 잠금 끈 고리에 단추를 걸어 채운다.

본체
18 (곰) 연두 **19** (고양이) 핑크 **20** (강아지) 베이지

☐ =10회 반복

테두리 ①②③
몸체
바닥
뜨기 시작
기초코 사슬(79코)

✕ = ✕의 머리 사슬을 주워 뜬다.
※ 사슬뜨기 위의 짧은뜨기, 한길긴뜨기는 사슬을 감싸서 뜬다.

본체 콧수표

	단수	콧수	증감
테두리	1~3	170	-10
바닥·몸체	2~52	180	+101
	1	79	

61

단추 1개

18 (곰) 연두　19 (고양이) 핑크　20 (강아지) 베이지

단추 콧수표

단수	콧수	증감
5	8	−4
4	12	−3
3	15	+3
2	12	+6
1	6	

※여분의 실로 속을 채우고, 마지막 단의 코 뒤쪽 반 코에 실을 통과시킨 다음 조인다.

단추 끈

18 (곰) 연두　19 (고양이) 핑크　20 (강아지) 베이지

▷ =실 연결하기
► =실 끊기

손잡이 2개

18 (곰) 연두　19 (고양이) 핑크　20 (강아지) 베이지

잠금 끈 1개

18 (곰) 연두　19 (고양이) 핑크　20 (강아지) 베이지

동물의 머리 1장

18 (곰) 갈색　19 (고양이) 검정　20 (강아지) 베이지

머리(공통) 콧수표

단수	콧수	증감
8	48	+6
7	42	+6
6	36	+6
5	30	+6
4	24	+6
3	18	+6
2	12	+6
1	6	

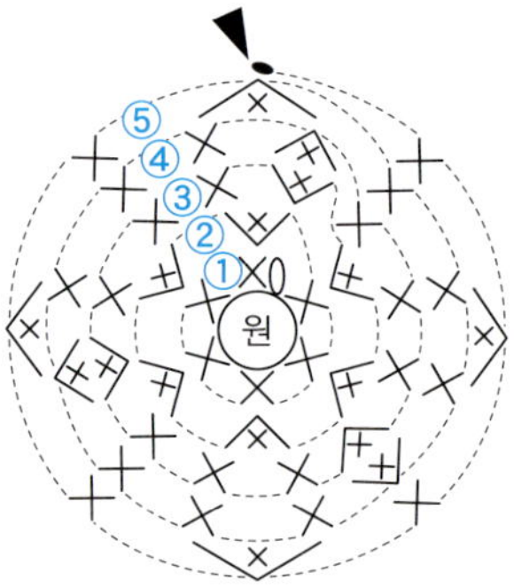

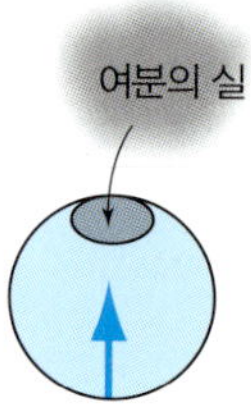

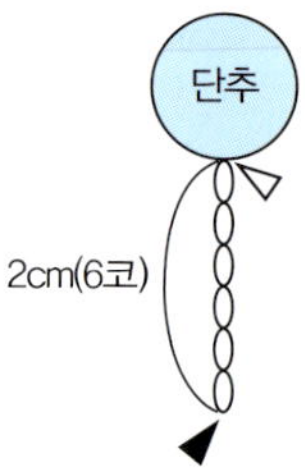

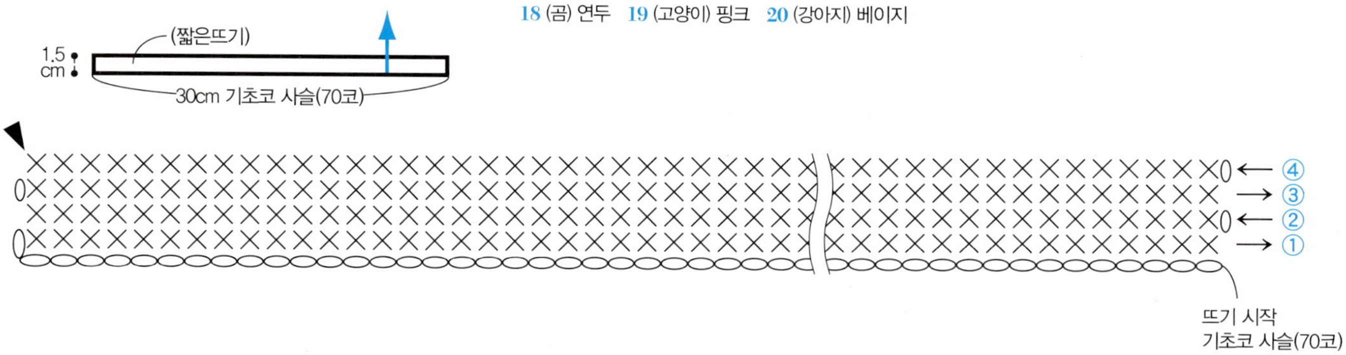

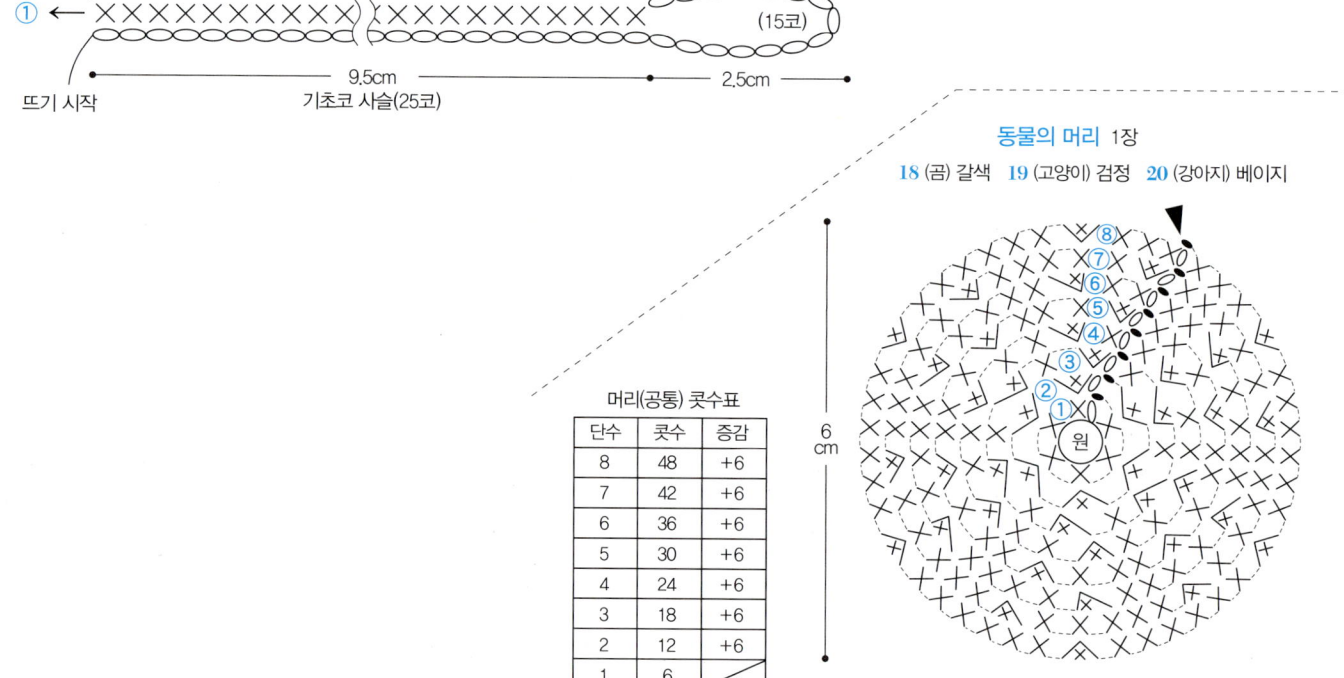

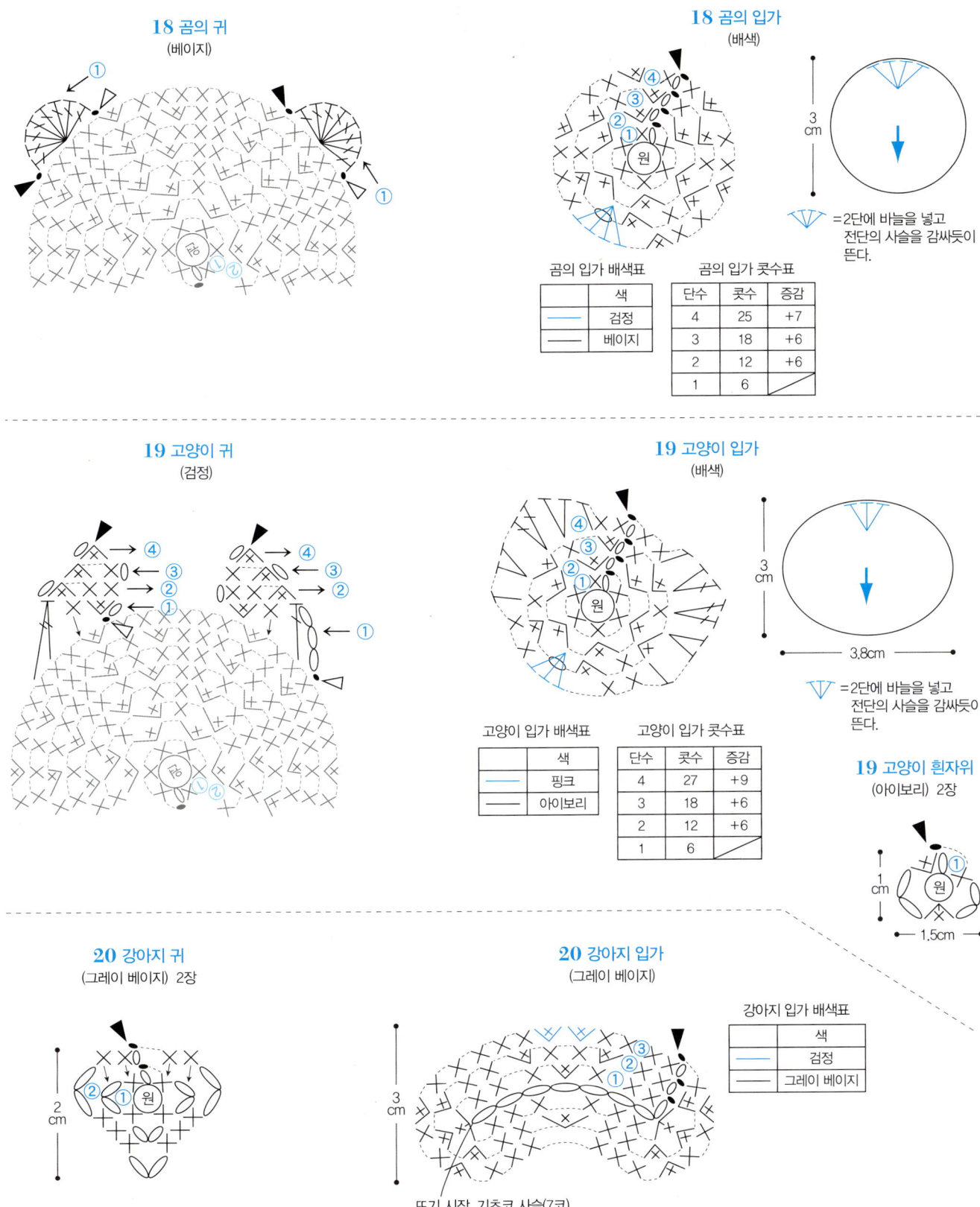

21.22.23 플라워 모티브 에코백

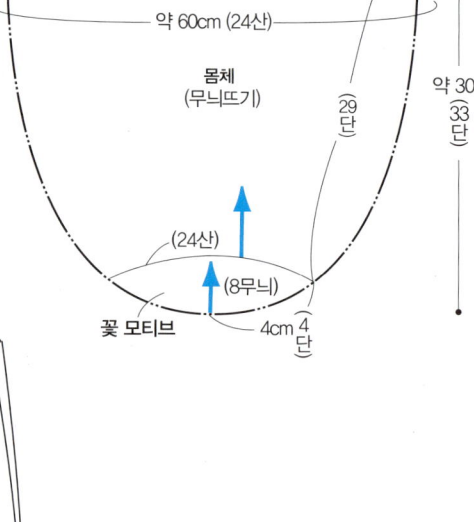

준비물

실 **21** 올림푸스 샤보뜨 17번(스모크 블루)…70g
올림푸스 니코토 스위트 코튼 〈보통 굵기〉 7번(오프화이트), 2번(노랑)…각 2g

22 올림푸스 샤보뜨 10번(빨강)…70g
올림푸스 니코토 스위트 코튼 〈보통 굵기〉 5번(핑크), 4번(빨강)…각 2g

23 올림푸스 샤보뜨 20번(초록)…70g
올림푸스 니코토 스위트 코튼 〈보통 굵기〉 6번(파랑), 3번(연두)…각 2g

바늘 모사용 코바늘 5/0

게이지(10㎠)
무늬뜨기 4산×10단

완성 크기(공통)
둘레 60cm×높이 30cm(손잡이 제외)

뜨는 방법(공통)

1. 바닥의 꽃 모티브부터 시작해서 가방의 몸체까지 이어서 뜬다. 즉, 4단까지(바닥이 되는 부분) 꽃 모티브를 뜨고, 실을 바꾸어 5단부터 32단까지 그물뜨기를 뜬다(가방의 몸체가 되는 부분). 33단에서 다시 실을 바꾸어 1단을 뜬다.
2. 장식 끈을 뜬 다음 가방 본체의 지정된 위치에 통과시킨다.
3. 손잡이를 뜬 다음 본체의 지정된 위치에 통과시키고, 손잡이의 시작과 끝을 감침질하여 연결한다.

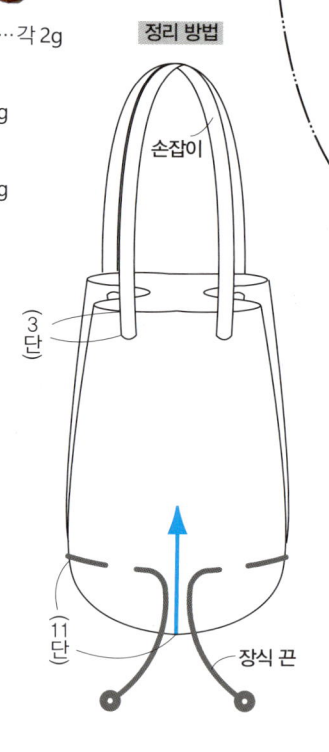

손잡이 배색표	21	22	23
기초코 사슬	오프화이트	핑크	파랑
1단	노랑	빨강	연두
2단	오프화이트	핑크	파랑

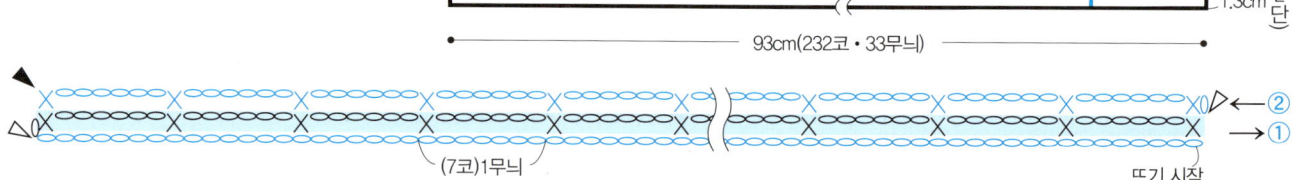

접는 방법

1. 손잡이를 당겨 가방 본체 입구 쪽 양옆을 안쪽으로 접는다.

2. 바닥을 아래로 두고 장식 끈을 약간 당긴다.

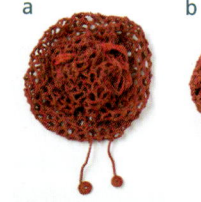

3. 장식 끈을 조이면서, 몸체를 모티브 포켓 안에 넣는다(a). 다 넣고 나면 장식 끈을 단단히 당겨 묶는다(b).

4. 바닥을 겉으로 본 상태

본체

▷ =실 연결하기
▶ =실 끊기

※ 2단의 긴뜨기는 1단의 긴뜨기와 긴뜨기 사이를 감싸서 뜬다.

▬ =손잡이 통과 위치
▬ =장식 끈 통과 위치

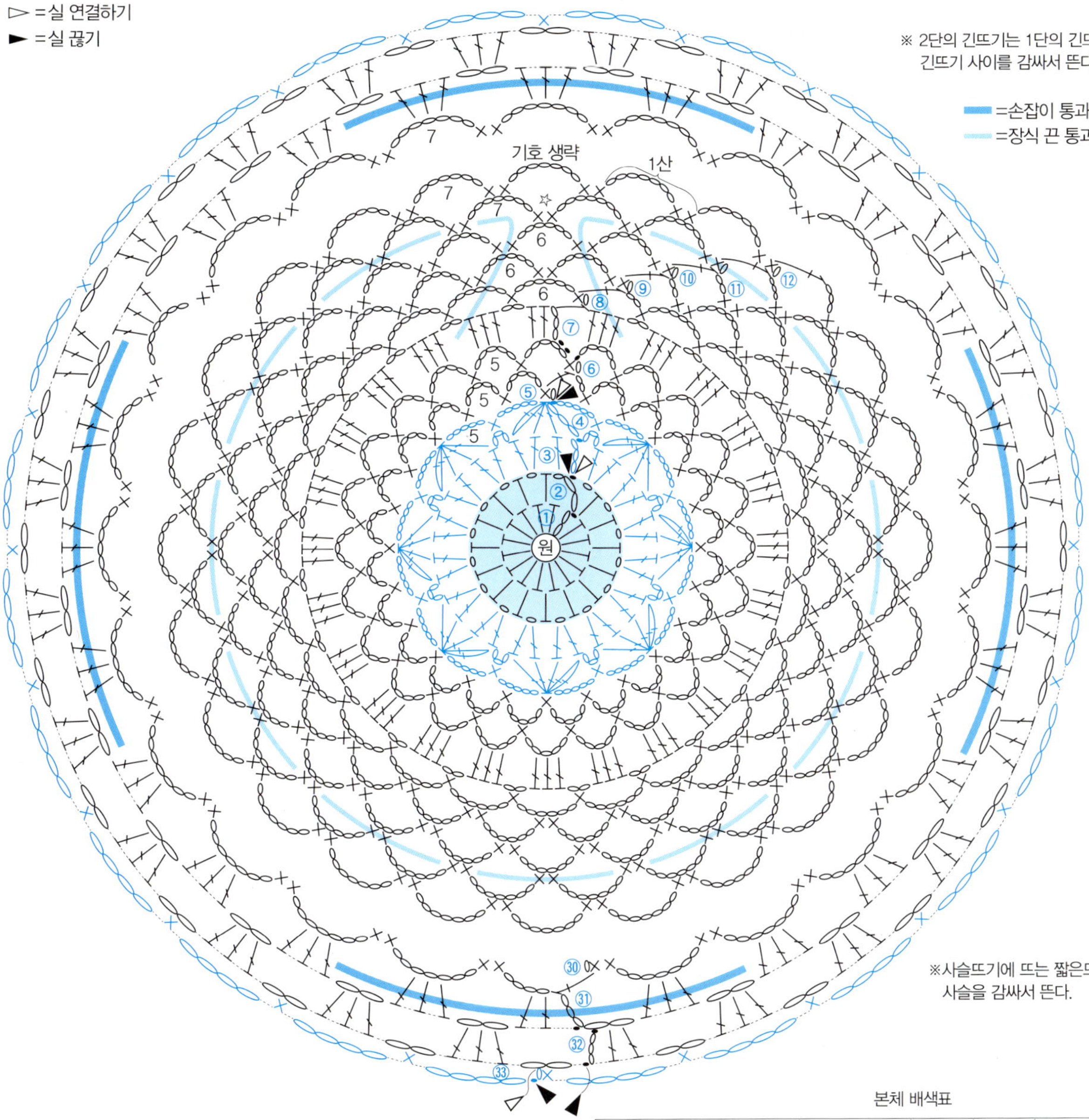

※ 사슬뜨기에 뜨는 짧은뜨기, 한길긴뜨기는 사슬을 감싸서 뜬다.

본체 배색표

	단수	21	22	23	실
꽃 모티브	1~2단	노랑	빨강	연두	니코토 스위트 코튼
	3~4단	오프화이트	핑크	파랑	
그물 뜨기	5~32단	스모크 블루	빨강	초록	샤보뜨
	33단	오프화이트	핑크	파랑	니코토 스위트 코튼

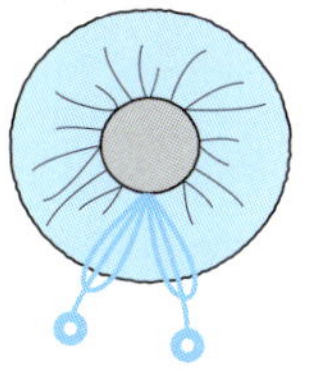

본체에 끼워 넣은 장식 끈을 당겨서 우묵하게 생겨난 공간에 가방 본체를 집어넣은 다음, 장식 끈을 단단히 조여 맨다.

꽃 모티브 9.5cm

가방의 바닥 쪽

약 15cm

장식 끈
21 스모크 블루
22 빨강
23 초록

※ 모두 샤보뜨 실로 뜬다.

2cm 원 ① ─── 75cm 사슬(150코) ─── ① 원 2cm

※ 먼저 오른쪽의 원형 모티브를 떠 둔 다음, 왼쪽 원형 모티브부터 사슬뜨기까지 이어서 떠서 먼저 떠 둔 오른쪽 원형 모티브에 연결한다.

24.25 비즈 에코백

준비물

실 올림푸스 에미그란데
- **24** 521번(노랑)…45g
- **25** 357번(감색)…45g

비즈 TOHO 비즈(원형 중간 크기, 약 3mm)
- **24** No.123(아이보리) … 1158개
- **25** No.990(골드 라인 블루) … 1158개

바늘 레이스용 코바늘 0호

게이지(10㎠)

그물뜨기 6산×10단

완성 크기(공통)

둘레 약 50cm×높이 약 24.5cm(손잡이 제외)

뜨는 방법(공통)

※ 필요한 개수의 구슬을 미리 뜨개실에 꿰어 둔다.

1. 바닥은 비즈를 넣으면서 짧은뜨기로 25단을 뜬다. 뜨고 나면 비즈는 뒷면(안쪽)으로 보이게 되므로, 나중에 이 뒷면이 겉이 되게 해서 사용하게 된다.

2. 몸체는 바닥의 뒷면에서 코를 주워 뜨기 시작하고 16단까지 그물뜨기 한다.

3. 몸체의 16단 뜨기가 끝나면 이어서 트임 부분의 1단을 원형뜨기로 뜨고, 2~8단은 왕복뜨기로 코를 줄여가며 뜬다. 이때 2~8단은 몸체의 앞판(또는 뒷판)만 뜨게 된다.

4. 트임 부분의 8단을 뜨고 나면, 이어서 입구 테두리를 1단 뜨고, 손잡이 사슬을 뜬 다음 첫 코에 빼뜨기 하여 실을 끊는다.

5. 트임 부분을 뜨지 않은 뒷판(또는 앞판)은 실을 새로 연결해 트임 부분의 2~8단을 뜨고, 입구 테두리 1단을 뜬 다음, 손잡이 사슬을 뜨고 첫 코에 빼뜨기 한 후, 계속해서 손잡이와 몸체의 트임 라인을 따라 바깥 테두리 2단을 뜬다.

6. 장식 단추를 뜬 다음 바닥의 지정된 위치에 단추를 달고, 바닥에 단추 고리를 떠 붙인다.

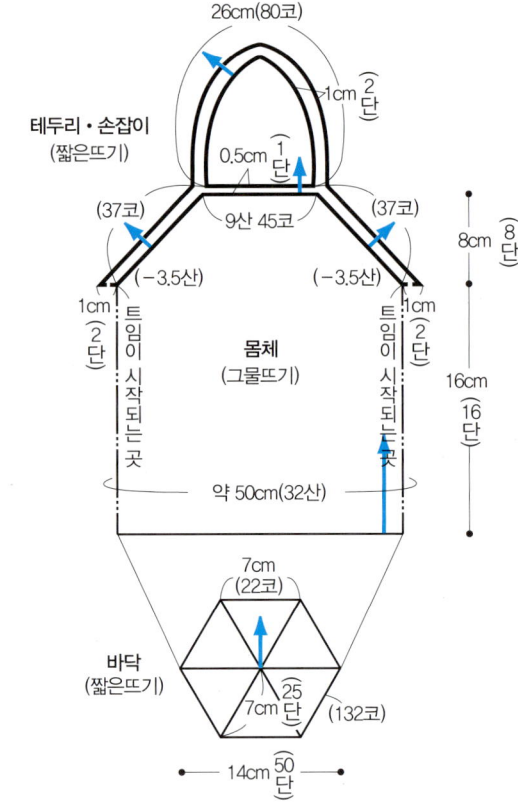

장식 단추

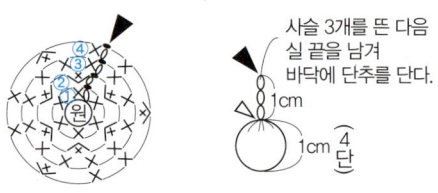

마지막 단의 뒤쪽 반 코에 실 끝을 통과시켜 당긴다.

▷ =실 연결하기
▶ =실 끊기

바닥
단추 고리
사슬(8코)

장식 단추 다는 위치 (안)

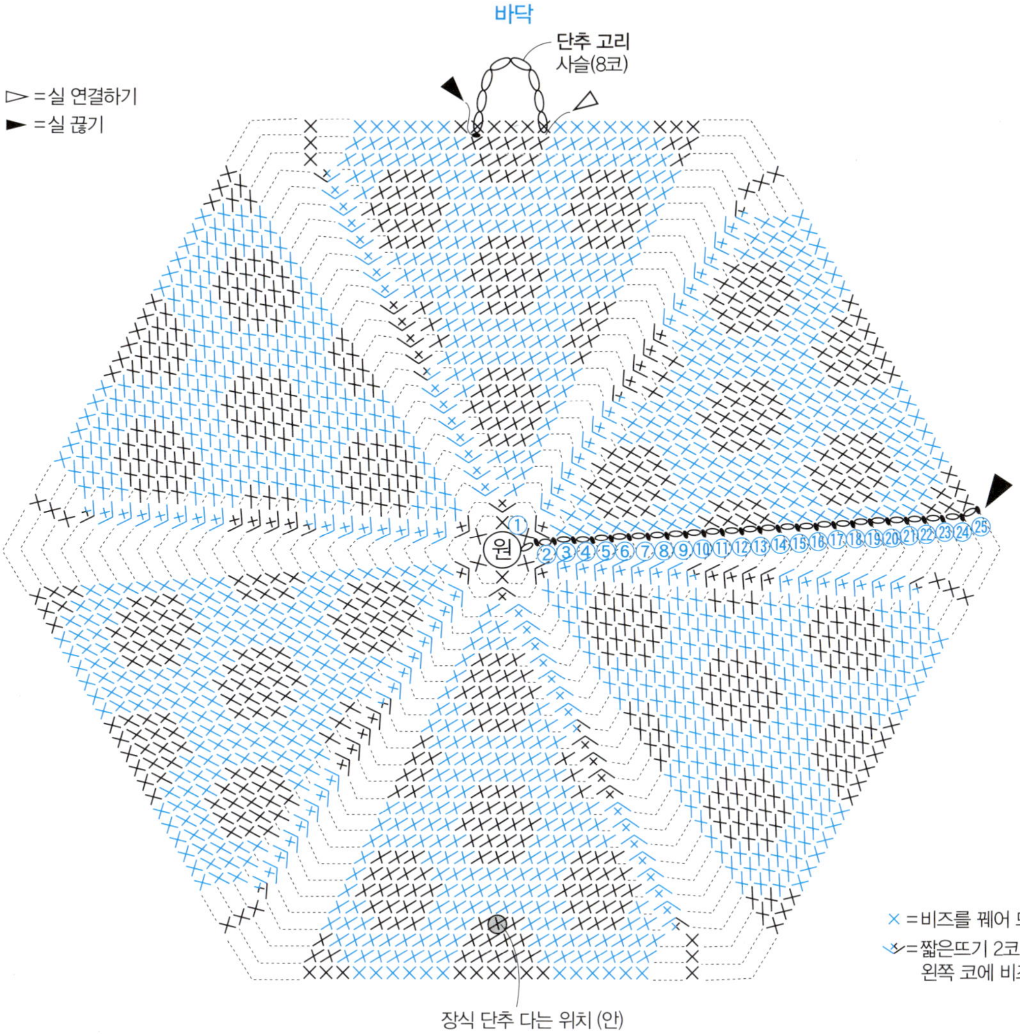

× =비즈를 꿰어 뜨는 곳
⋎ =짧은뜨기 2코 모아뜨기를 하되,
   왼쪽 코에 비즈 꿰기

바닥의 콧수표

단수	콧수	증감
23~25	132	
22	132	+6
21	126	+6
20	120	+6
19	114	+6
18	108	+6
17	102	+6
16	96	+6
15	90	+6
14	84	+6
13	78	+6
12	72	+6
11	66	+6
10	60	+6
9	54	+6
8	48	+6
7	42	+6
6	36	+6
5	30	+6
4	24	+6
3	18	+6
2	12	+6
1	6	

비즈 넣어 뜨는 법

1. 실에 비즈 꿰기 비딩 니들(비즈 꿰기 바늘)을 이용해 뜨개실에 필요한 수의 비즈를 꿰어 둔다.

2. 짧은뜨기 1코당 비즈 1개 끼워 넣기 실을 따라 비즈를 하나 보낸다.

3. 비즈를 바늘 뒤로 넘겨 놓은 채 짧은뜨기를 진행한다.

4. 짧은뜨기를 뜨고 난 상태

5. 비즈는 바닥 편물 뒷면(안쪽)에 위치하게 된다.

겉쪽   안쪽

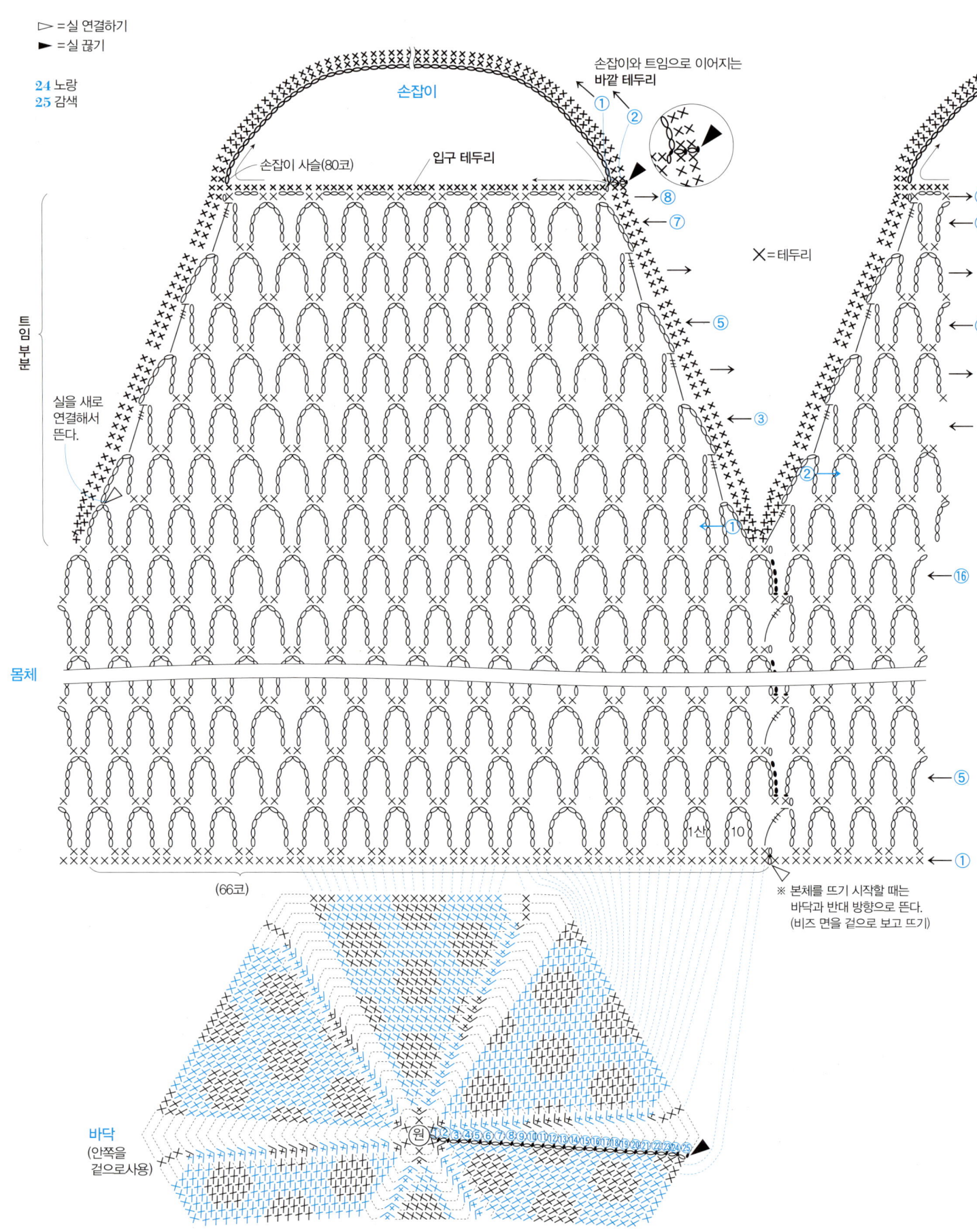

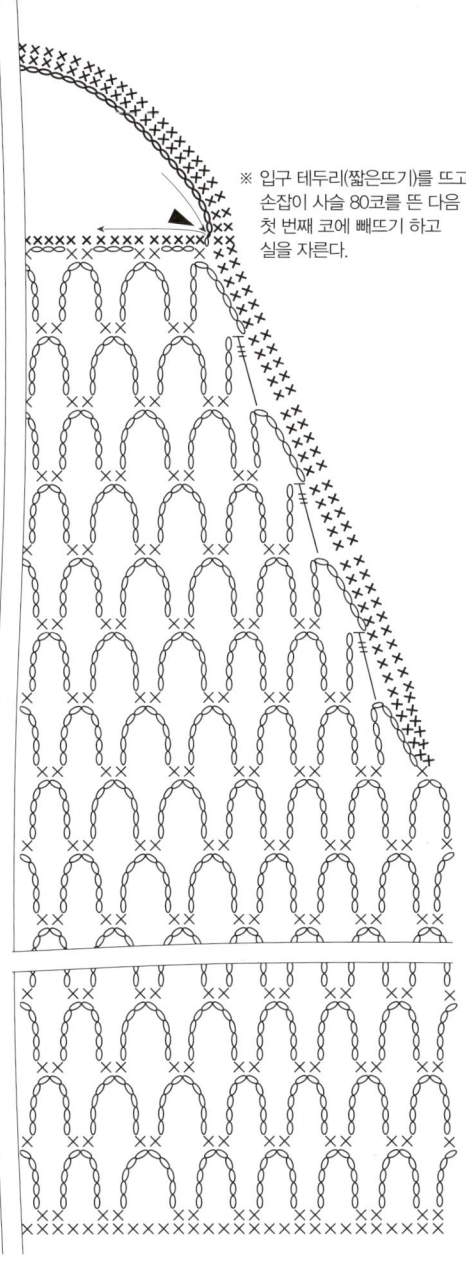

※ 입구 테두리(짧은뜨기)를 뜨고 손잡이 사슬 80코를 뜬 다음 첫 번째 코에 빼뜨기 하고 실을 자른다.

접는 방법

1. 바닥을 아래에 두고, 편물을 평평하게 펴 놓는다.

2. 손잡이를 들어 올려 가방 몸체를 바닥에 자연스럽게 내려놓는다.

3. 그물뜨기로 뜬 가방 몸체를 대각선 방향(맞각)으로 접어 넣는다.

4. 바닥을 반으로 접는다.

5. 단추에 단추 고리를 건다.

26.27 플라워 패턴 에코백

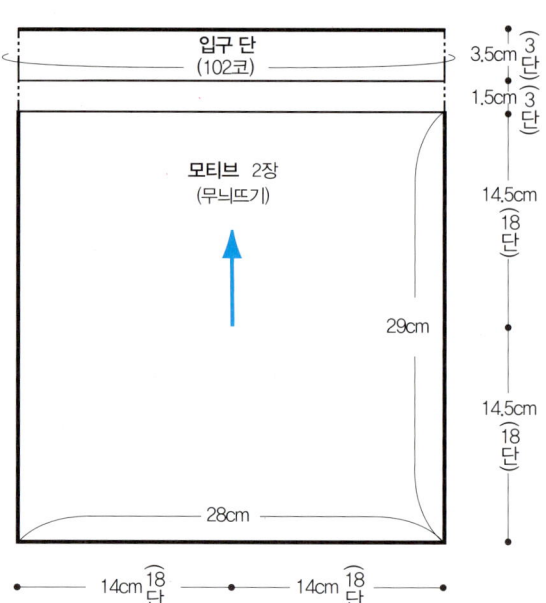

준비물

실 다루마 니팅 코튼
   26 10번(밀크 퍼플)…130g
   27 2번(베이지)…130g

바늘 모사용 코바늘 6/0호

완성 크기(공통)

너비 28cm×높이 34cm(손잡이 제외)

뜨는 방법(공통)

1. 무늬뜨기로 본체의 앞판(또는 뒷판) 모티브를 18단 뜨고, 실을 자른다.
2. 뒷판(또는 앞판) 모티브는 17단까지 뜬 다음 18단을 뜨면서 첫 번째 모티브와 빼뜨기로 연결(양 옆선과 바닥선)하며 뜬다. 19단부터 21단까지, 그리고 입구 단(한길긴뜨기)은 연결된 두 모티브를 자연스럽게 넘어가며 이어서 뜬다.
3. 두 모티브에 장식 끈을 각각 떠 붙인다.
4. 손잡이 2개를 본체 안쪽에 꿰매 붙인다.

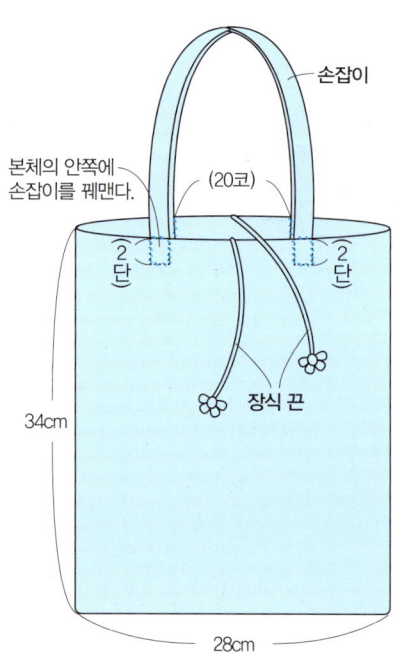

정리 방법

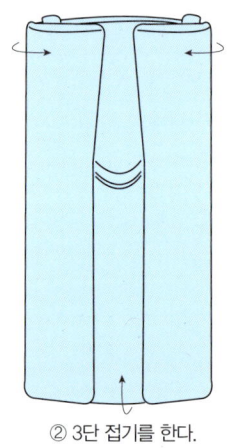

접는 방법

① 손잡이 2개를 본체 쪽으로 접어 넣고 본체 양쪽을 접는다.

② 3단 접기를 한다.

③ 가까운 쪽 장식 끈은 뒤로, 먼 쪽 장식 끈은 앞으로 돌려 본체 아래에서 리본 모양으로 묶어준다.

손잡이 (2개)

26 밀크 퍼플   **27** 베이지

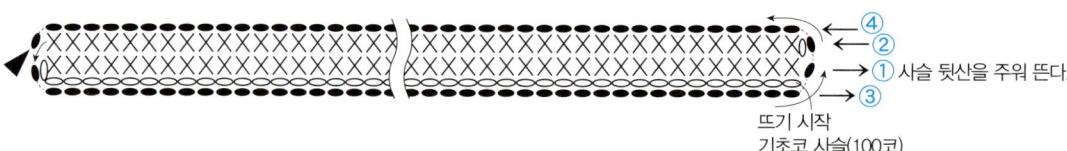

Basic Lesson

도안 보는 법

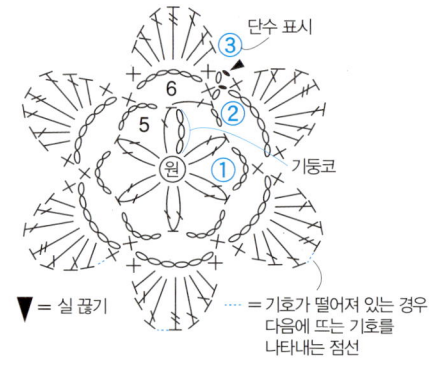

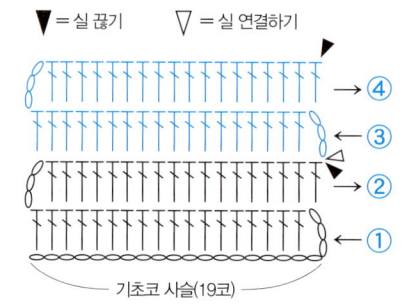

사슬 코 보는 방법

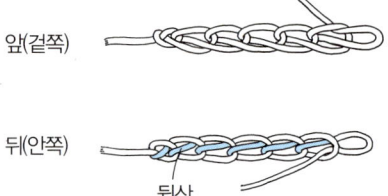

사슬 코에는 앞면과 뒷면이 있다. 뒷면 중앙에 보이는 줄을 '뒷산'이라고 부른다.

중심에서 떠 나가는 원형뜨기

사슬이나 실 끝으로 원형 고리를 만들고 1단씩 원형으로 돌아가며 뜬다. 각 단의 시작 부분에 기둥코를 세워 떠 나간다. 기본적으로는 편물의 앞(겉쪽)을 보면서 뜨며, 도안은 오른쪽에서 왼쪽 방향으로 읽으며 뜬다.

평면으로 뜨는 왕복뜨기

양쪽 끝에 기둥코가 오는 것이 특징이다. 오른쪽에 기둥코가 있을 때는 편물의 앞(겉쪽)을 보면서 뜨며, 도안은 오른쪽에서 왼쪽 방향으로 읽으며 뜬다. 반대로 왼쪽에 기둥코가 있을 경우에는 편물의 뒤(안쪽)를 보면서 뜨고 도안은 왼쪽에서 오른쪽으로 읽으며 뜨게 된다. 위 그림은 3단에서 배색실로 바꿔 뜬 상태의 도안이다.

실과 바늘을 잡는 법

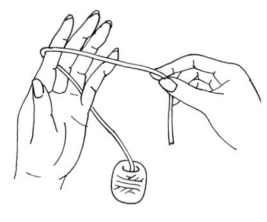 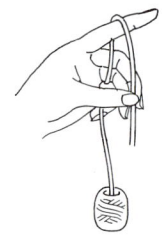 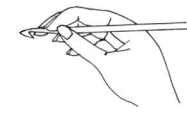

1. 왼손의 새끼손가락과 약손가락 사이로 실을 끼우듯 앞으로 가져온 다음, 집게손가락에 실을 걸고 오른손으로 실 끝을 잡아 앞으로 가져온다.

2. 엄지손가락과 가운뎃손가락으로 실 끝을 잡고 집게손가락을 세워 실을 팽팽하게 한다.

3. 바늘은 엄지손가락과 집게손가락으로 잡고 바늘 끝에 가운뎃손가락을 가볍게 댄다.

시작코 만드는 법

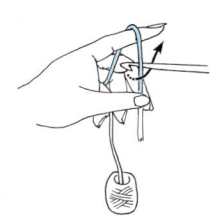 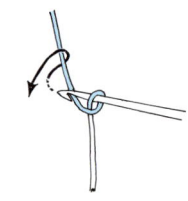 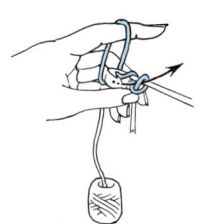 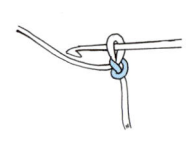

1. 바늘을 실의 안쪽에 대고 화살표처럼 바늘 끝을 회전시킨다.

2. 바늘 끝에 실을 감아 건다.

3. 고리 안으로 바늘을 당겨 실을 앞으로 끌어낸다.

4. 실 끝을 당겨 조이면 시작코 완성 (이 코는 1코로 세지 않음)

기초코 만드는 법

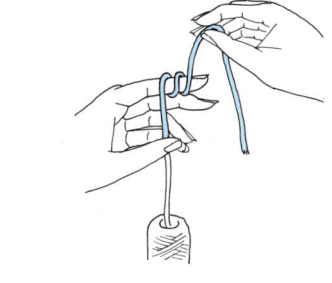
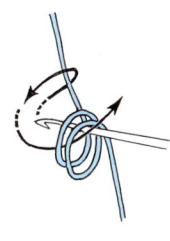
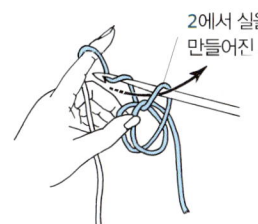
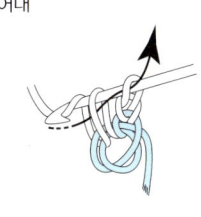

중심에서 원형으로 뜰 때
(실 끝으로 고리를 만듦)

1. 왼손 집게손가락에 실을 두 번 감아 고리를 만든다. (감는 방향에 주의)

2. 고리를 분리하여 손으로 잡고 고리 안에 바늘을 넣은 다음 바늘 끝에 실을 걸고 고리 안으로 끌어낸다.

3. 바늘 끝에 실을 걸어 고리 안으로 실을 당겨 빼내 사슬을 1개 뜬다. (=기둥코 사슬)

4. 만들어진 원형 고리 안에 바늘을 넣어 필요한 콧수의 짧은뜨기를 뜬다. (1단 뜨기)

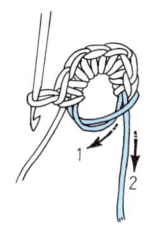
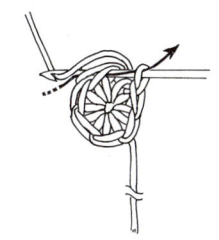

5. 바늘을 분리하고 첫 번째 고리의 실(1)과 실 끝(2)을 당겨 고리를 조인다.

6. 1단 끝에서는 첫 번째 짧은뜨기 머리 사슬에 바늘을 넣어 빼뜨기 한다.

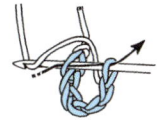
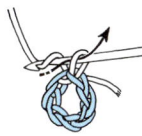
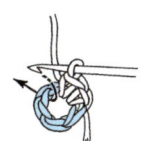
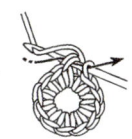

중심에서 원형으로 뜰 때
(사슬로 고리를 만듦)

1. 필요한 콧수의 사슬을 뜬 다음 처음 사슬의 반 코에 바늘을 넣고 실을 걸어 뺀다. (빼뜨기)

2. 바늘 끝에 실을 걸어 화살표처럼 빼낸다. 이것이 기둥코가 된다.

3. 1단은 사슬로 만들어진 고리 안에 바늘을 넣고, 사슬을 감싸면서 필요한 수의 짧은뜨기를 뜬다.

4. 1단 끝에서는 첫 번째 짧은뜨기 머리 사슬에 바늘을 넣어 빼뜨기 한다.

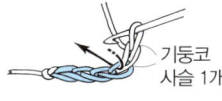

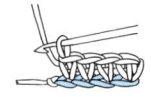

평면뜨기

1. 필요한 수의 사슬을 기초코로 뜨고, 기둥코 사슬을 뜬 다음, 끝에서 2번째 사슬에 바늘을 넣고 실을 걸어 뺀다.

2. 바늘 끝에 실을 걸어 화살표처럼 빼낸다. (짧은뜨기)

3. 1단을 뜬 상태. 기둥코 사슬 1개는 1코로 세지 않는다.

전단의 코를 줍는 법

같은 구슬뜨기라도 기호에 따라 뜨는 방법이 달라진다. 기호 아래가 닫혀 있을 때는 전단의 코(머리 사슬)를 주워 뜨고, 기호 아래가 열려 있을 때는 전단의 코를 감싸서 뜬다.

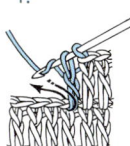
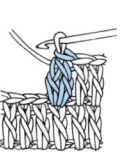

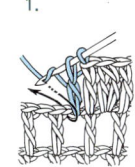

사슬 1코에 뜬다.

사슬을 감싸서 아래 공간에 뜬다.

뜨개질 기호

사슬뜨기

1. 시작코를 만들고 바늘 끝에 실을 건다.

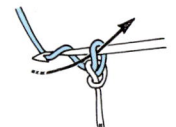
2. 고리 안으로 바늘을 당겨 실을 끌어내 사슬을 완성한다.

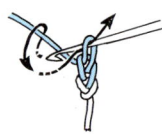
3. 같은 방법으로 반복해 떠 나간다.

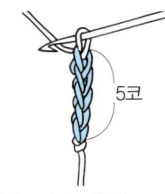
4. 사슬뜨기 5코 완성

빼뜨기

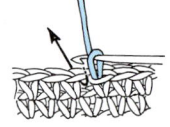
1. 전단의 코(머리 사슬)에 바늘을 넣는다.

2. 바늘 끝에 실을 건다.

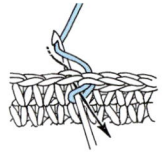
3. 바늘에 걸린 실을 끌어내며 바늘에 걸려 있는 고리까지 한꺼번에 빼낸다.

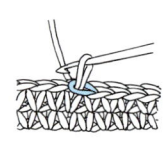
4. 빼뜨기 1코 완성

짧은뜨기

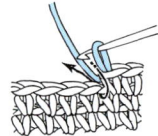
1. 전단의 코에 바늘을 넣는다.

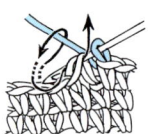
2. 바늘 끝에 실을 걸어 화살표처럼 앞으로 끌어낸다. (이렇게 끌어낸 상태를 '미완성 짧은뜨기'라고 한다)

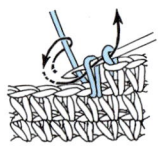
3. 한 번 더 바늘 끝에 실을 걸어 바늘에 걸린 고리까지 한꺼번에 빼낸다.

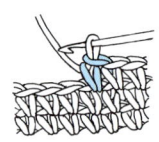
4. 짧은뜨기 1코 완성

긴뜨기

1. 바늘 끝에 실을 걸고 전단의 코에 바늘을 넣는다.

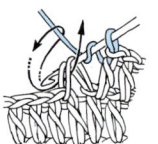
2. 한 번 더 바늘 끝에 실을 걸어 화살표와 같이 앞으로 끌어낸다. (이렇게 끌어낸 상태를 '미완성 긴뜨기'라고 한다.)

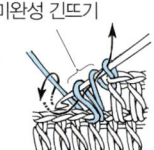
3. 바늘에 실을 걸어 바늘에 걸린 고리까지 총 3개의 고리를 한꺼번에 빼낸다.

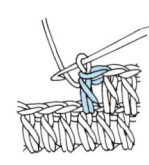
4. 긴뜨기 1코 완성

한길긴뜨기

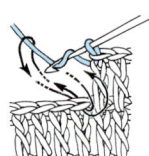
1. 바늘 끝에 실을 걸고 전단의 코에 바늘을 넣는다. 다시 실을 걸어 앞으로 끌어낸다.

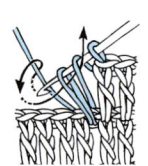
2. 바늘 끝에 실을 걸어 화살표와 같이 고리 2개를 빼낸다. (이렇게 끌어낸 상태를 '미완성 한길긴뜨기'라고 한다.)

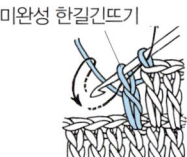
3. 다시 한 번 바늘에 실을 걸어 바늘에 걸린 고리까지 총 2개의 고리를 한꺼번에 빼낸다.

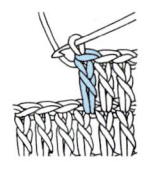
4. 한길긴뜨기 1코 완성

 두길긴뜨기	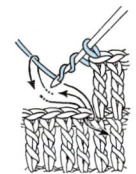 1. 바늘 끝에 실을 두 번 감고 전단의 코에 바늘을 넣은 다음, 바늘 끝에 실을 걸어 화살표처럼 앞으로 끌어낸다.	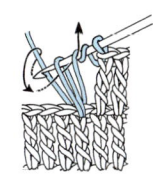 2. 바늘 끝에 실을 걸어 화살표와 같이 고리 2개를 빼낸다.	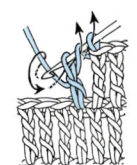 3. 바늘에 실을 걸어 고리 2개를 빼내는 작업을 2번 더 반복한다. (이 동작을 1번 반복한 상태를 '미완성 두길긴뜨기'라고 한다.)	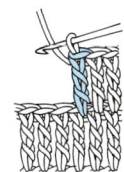 4. 두길긴뜨기 1코 완성
 짧은뜨기 2코 모아뜨기	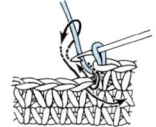 1. 전단의 코에 바늘을 넣고 바늘에 실을 걸어 뺀다.	 2. 다음 코에도 똑같이 바늘에 실을 걸어 뺀다.	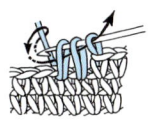 3. 바늘 끝에 실을 걸어 바늘에 걸린 고리 3개를 한꺼번에 빼낸다.	 4. 짧은뜨기 2코 모아뜨기 완성. 전단보다 1코 줄어듦
 짧은뜨기 2코 늘려뜨기	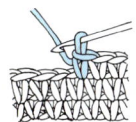 1. 짧은뜨기 1코를 뜬다.	 2. 같은 코에 바늘을 다시 한 번 넣고 실을 걸어 뺀다.	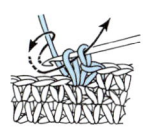 3. 바늘 끝에 실을 걸어 화살표 방향으로 한꺼번에 빼낸다.	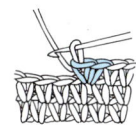 4. 1코에 짧은뜨기가 2코 떠진 상태. 전단보다 1코 늘어남
 한길긴뜨기 2코 모아뜨기	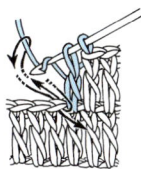 1. 전단의 코에 미완성 한길긴뜨기 1코를 뜨고, 다음 코에 바늘을 넣고 바늘에 실을 걸어 뺀다.	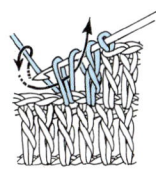 2. 바늘에 실을 걸어 바늘에 걸린 고리 중 2개를 빼내어 두 번째 미완성 한길긴뜨기를 뜬다.	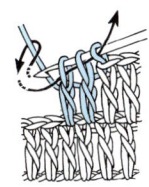 3. 바늘 끝에 실을 걸어 바늘에 걸린 고리 3개를 한꺼번에 빼낸다.	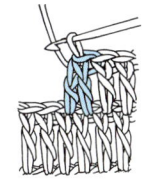 4. 한길긴뜨기 2코 모아뜨기 완성. 전단보다 1코 줄어듦
 한길긴뜨기 2코 늘려뜨기	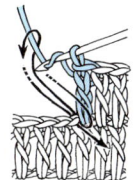 1. 한길긴뜨기를 1코 뜨고 같은 코에 한길긴뜨기를 1번 더 뜨기 위해 같은 코에 바늘을 넣고 실을 걸어 뺀다.	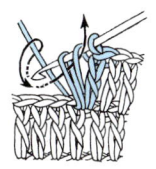 2. 바늘 끝에 실을 걸어 바늘에 걸린 고리 중 2개를 빼낸다.	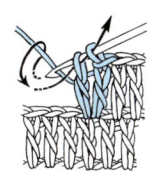 3. 다시 바늘에 실을 걸어 바늘에 걸린 고리 2개를 모두 빼낸다.	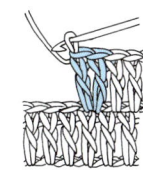 4. 한길긴뜨기 2코 늘려뜨기 완성. 전단보다 1코 늘어남

한길긴뜨기 5코 팝콘뜨기

※ 뜨기 기호와 횟수가 다른 팝콘뜨기도 같은 요령으로 뜬다. 즉, 해당하는 횟수의 뜨기를 뜨고, 첫 코에 바늘을 넣어 마지막 고리를 끌어낸 다음 사슬을 1번 더 조인다.

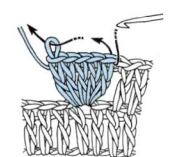

1. 같은 코에 한길긴뜨기를 5번 뜬 다음, 바늘을 빼고 화살표 방향으로 맨 처음 코 머리 사슬과 바늘에 걸려 있던 마지막 고리에 바늘을 끼워 넣는다.

2. 고리를 바늘 끝에 걸어서 화살표와 같이 끌어낸다.

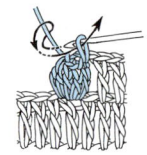

3. 사슬뜨기를 1코 뜨고 단단히 당겨 조인다.

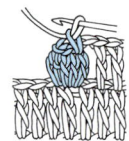

4. 한길긴뜨기 5코 팝콘뜨기 완성

한길긴뜨기 3코 구슬뜨기

※ 뜨기 기호와 횟수가 다른 구슬뜨기도 같은 요령으로 뜬다. 즉, 해당하는 횟수의 미완성 뜨기를 뜨다가 마지막에 바늘에 걸려 있는 고리를 한꺼번에 빼낸다.

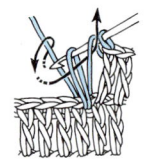

1. 전단의 코에 미완성 한길긴뜨기 1코를 뜬다.

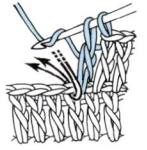

2. 같은 코에 바늘을 넣고 미완성 한길긴뜨기를 2번 더 뜬다(총 3번).

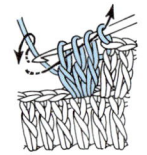

3. 바늘 끝에 실을 걸어 바늘에 걸린 고리 4개를 한꺼번에 빼낸다.

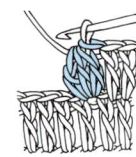

4. 한길긴뜨기 3코 구슬뜨기 완성

짧은뜨기 줄기뜨기

※ 매단 동일한 방향으로 뜨개질을 진행하는 뜬다. (원형뜨기)

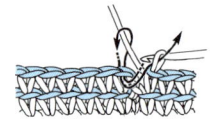

1. 매단 앞면을 보면서 뜬다. 원형으로 돌며 한 단을 모두 뜬 후 첫 코에 빼뜨기 한다.

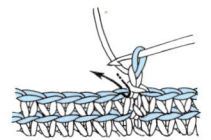

2. 사슬 1코를 기둥코로 뜨고, 전단의 코 뒤쪽 머리 사슬 1가닥을 주워(머리 사슬 사이에 바늘을 넣어) 짧은뜨기를 뜬다.

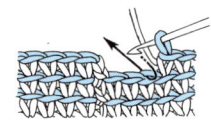

3. 같은 방법으로 머리 사슬 뒤쪽 반 코를 주우며 짧은뜨기를 뜬다.

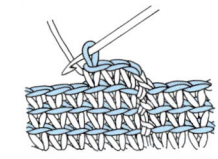

4. 뜨지 않은 앞쪽 반 코가 줄기처럼 이어져 있다. 짧은뜨기 줄기뜨기로 3단을 뜬 상태

한길긴뜨기 앞걸어뜨기

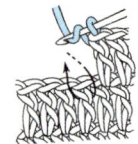

1. 바늘 끝에 실을 걸어 전단의 한길긴뜨기 다리에 화살표와 같이 앞에서 뒤로 바늘을 넣은 다음 다리를 주우며 다시 바늘을 앞으로 뺀다.

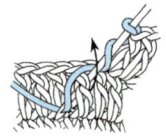

2. 바늘 끝에 실을 걸어 길게 뺀다.

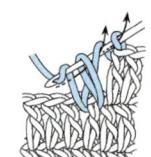

3. 다시 바늘에 실을 걸고 바늘에 걸린 고리 2개를 빼낸다. 바늘에 걸린 고리 빼기를 한 번 더 반복한다.

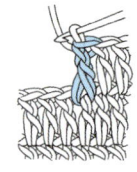

4. 한길긴뜨기 앞걸어뜨기 1코 완성

스트라이프 무늬 뜨는 법

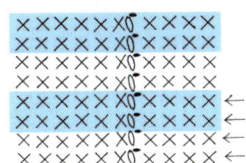 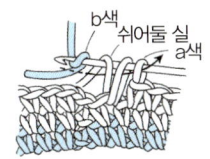 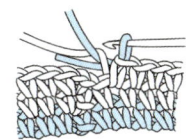 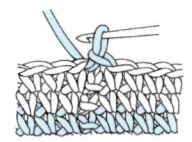 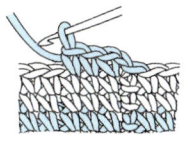

1. 단의 마지막 짧은뜨기를 뜰 때 뜨던 실(=쉬어둘 실, a)을 그림과 같이 바늘에 걸쳐 두고, 다음 단에서 뜨는 실(b)을 걸어 바늘에 걸린 고리를 모두 빼낸다.

2. a실을 그림과 같이 뒤쪽에 쉬어 두고, 첫 번째 짧은뜨기 머리 사슬에 바늘을 넣고 b실을 걸어서 빼낸다. (빼뜨기)

3. 바늘에 b실 고리가 생긴 상태

4. 이어서 기둥코로 사슬 1개를 뜨고 짧은뜨기를 뜬다.

자수의 기초

스트레이트 스티치

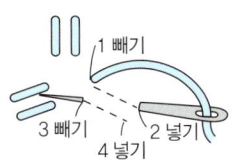

카우칭 스티치

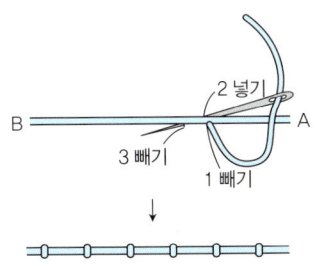

Design & Making

1.2 아오키 에리코

3.4 코마쓰자키 노부코

5.6 Design 카와이 마유미 • Making 세키야 사치코

7.8 카와이 마유미

9.10 Design 오카모토 케이코 • Making 야마우치 세이코

11.12 아오키 에리코

13.14 Design 오카모토 케이코 • Making 야마우치 세이코

15.16.17 후지타 토모코

18.19.20 마츠모토 카오루

21.22.23 엔도 히로미

24.25 마츠모토 카오루

26.27 카마타 에미코

* 뜨는 법을 사진으로 설명할 때, 쉽게 알아볼 수 있도록 실의 색과 굵기를 변경했습니다.
* 인쇄물이므로 작품과 실의 색상은 실물과 다소 차이가 있을 수 있습니다.

Staff

북디자인	고토우 미나코
촬영	코즈카 쿄코(작품), 혼마 노부히코(프로세스 · 실 견본)
스타일링	에우치 토모미
작품 디자인	아오키 에리코, 엔도 히로미, 오카모토 케이코, 카마타 에미코, 카와이 마유미, 고마츠자키 노부코, 후지타 토모코, 마츠모토 가오루
뜨는 방법 해설 · 트레이스	키무라 카즈요, 미시마 케이코, 모리 미치코
프로세스 해설	사사키 하츠에
프로세스 협력	카와이 마유미
뜨는 방법 교열	마스코 미치루
기획 · 편집	E&G 크리에이츠(야부 아키코, 우치다 미즈야)

재료 제공

올림푸스제사주식회사　　https://www.olympus-thread.com
하마나카 주식회사　　http://www.hamanaka.co.jp
요코타 주식회사 · DARUMA　　http://www.daruma-ito.co.jp
토호 주식회사(비즈)　　http://www.toho-beads.co.jp
비즈마켓(온라인샵)　　http://www.toho-market.net

촬영 협조

아와비즈　http://www.awabees.com

콤팩트하게 접을 수 있는 코바늘 네트백

**코바늘 손뜨개
니트 에코백**

1판 1쇄 펴냄 2021년 6월 15일

지은이　애플민츠
펴낸이　정현순
인쇄　㈜한산프린팅

펴낸곳　㈜북핀
등록　제2016-000041호(2016. 6. 3)
주소　서울시 광진구 천호대로 109길 59
전화　02-6401-5510 / 팩스　02-6969-9737

ISBN　979-11-91443-03-5　13630
값　13,000원

이 책은 저작권법에 따라 보호받는 저작물이므로 무단전재와 무단복제를 금합니다.
파본이나 잘못 만들어진 책은 구입하신 서점에서 바꾸어 드립니다.